하늘 비전으로
형통하라

국제제자훈련원은 건강한 교회를 꿈꾸는 목회의 동반자로서 제자 삼는 사역을 중심으로 성경적 목회 모델을 제시함으로 세계 교회를 섬기는 전문 사역 기관입니다.

고통 속에서도 행복한 내 인생의 힘
하늘 비전으로 형통하라

초판 1쇄 발행 2007년 8월 27일   초판 4쇄 발행 2007년 10월 2일

지은이 박정식   펴낸이 김명호
펴낸곳 도서출판 국제제자훈련원

기획책임 김건주   편집책임 장병주
편집담당 박근혜   마케팅책임 김석주
디자인책임 고경원   표지디자인 장근화
내지디자인 나무의자

등록 제22-1240호(1997년 12월 5일)
주소 (137-865) 서울시 서초구 서초1동 1443-26
e-mail dmipress@sarang.org   홈페이지 www.discipleN.com
전화 편집부 (02)3489-4310 영업부 (02)3489-4300
팩스 (02)3489-4309

값은 표지에 있습니다.
ISBN 978-89-5731-212-4 03230

●독자의 의견을 기다립니다.

하늘 비전으로 형통하라

박정식 지음

국제제자훈련원

머리말 | *Scars into Stars*

"상처는 별이 된다."

내가 정말 좋아하는 격언이다. 나는 어릴 때부터 결코 순탄치 않은 삶을 살아왔다. 상처가 많다 보니 열등감도 많았다. 그러나 이 모든 고통의 터널을 우리 주님이 주신 꿈 하나를 갖고 걸어왔다.

가세가 기울어 중학교에 진학하지 못하고 친척 집에서 더부살이를 하며 낮에 일하고 저녁에 야학을 다닐 때였다. 그러던 어느 날 평생 잊을 수 없는 꿈을 꾸게 되었는데, 사방에 해골이 깔려 있는 무서운 골짜기를 지나는 꿈이었다. 그 광경이 얼마나 무서웠던지 아침에 일어나 보니 오줌까지 싼 것이다. 그런데 더 무서운 것은 똑같은 꿈을 며칠 간 계속해서 꾸었고, 그런 날이면 아침마다 곤욕을 치르곤 했다. 중학교 들어갈 나이에 오줌싸개가 되다니……. 친척 집의 여동생 하나가 동네방네 소문을 내는 바람에 나는 얼굴을 들고 돌아다닐 수가 없었다.

스무 살 넘어 군에 입대하기 위해 신검을 받았는데, 군의관이 나를 부르더니 가슴 사진을 다시 한 번 찍어 보자고 했다. 얼마 후 군의관이 "가끔씩 각혈도 했었나?"라고 물었다. 그래서 "예, 자주 피가 넘어옵니다"라고 대답했다. 그리고 잠시 후 나를 부른 그 군의관은 내 손에다 뭔가를 쥐어 주며 "용기 잃지 말고 열심히 살게!"라고 말하며 '징집 면제' 판정을 내렸다.

징병 검사장을 나오며 손을 펴 보니 당시에 결코 적지 않은 금액인 5,000원이 들려 있었는데, 그때 우연히 올려다본 하늘이 얼마나 높고 아름답던지 야속하기까지 했다.

'모든 것이 꿈이었으면……'

그 후부터 나는 더 심해진 각혈과 고열로 생사의 경계를 넘나들어야 했다. 보건소에서 오라고 해서 갔는데, 진단을 받고 얻어 온 결핵 약들은 효험은 없고 매일 음식을 토해 내는 고통에 시달려야만 했다.

'이제 죽는구나!'

이런 생각이 들자 너무 억울했다. 나는 정말 살고 싶었다.

바로 그 무렵 또다시 꿈을 꾸기 시작했다. 어릴 때 꾸었던 바로 그 꿈을 말이다.

'아, 이제 죽으려고 그런 꿈을 꾸는가 보다!'

이런 생각이 들자 모든 것을 체념할 수밖에 없었다.

그러던 어느 날 은혜라도 받아야 살겠기에 성경을 열심히 읽기 시작했다. 에스겔서 37장을 묵상하던 중 온 몸에 전율이 감도는 경험을 하게 되었다. 어릴 시절 나를 공포로 떨게 했던, 덕분에 오줌싸개라는 별명까지 얻고 청년 시절 '이제 죽는가 보다!' 라고 낙담하게 했던 그 꿈의 정체와 의미를 알게 된 것이다.

'아, 나는 오직 주의 말씀과 성령으로만 살 수 있구나!'

에스겔이 골짜기의 마른 뼈들에게 주의 말씀을 대언하고 생명의 성령의 능력을 선포할 때 그 골짜기의 뼈들이 생명을 풍성히 누리는 하나님의 군대가 된 것처럼 내게도 주님이 그런 사명을 주셨다는 깨달음을 얻게 되었다.

그 깨달음을 얻은 후 목회자의 길을 걷기 시작했다. 그때부터 환경적인 어려움뿐 아니라 육체의 질병조차 진정으로 감사하며 희열이 넘치는 삶을 살게 되었다.

죽음의 꿈이 아닌 생명을 살리는 꿈의 의미를 나누며 소중한 여인과 결혼도 하고, 그 꿈을 가슴에 담고 마치 골짜기 같던 인천 학익동의 10평 남짓한 천막에서 교회도 개척하게 되었다.

가난하고 힘든 사람들과 울고 웃으며 골짜기의 마른 뼈도 일으키시고 살리시는 주님의 말씀을 함께 나누었던 20년의 시간들!

울기도 참 많이 울었다. 때로는 절망의 늪을 헤맬 때도 있었다. 도무지 이해할 수 없는 사람들의 반목과 갈등, 불신과 상처들로 인해 하루에도 수십 번씩 가슴이 무너져 내리기도 했다. 그러나 요셉의 삶을 설교하면서 공동체의 동역자들과 함께 풍성한 주님의 위로와 치유를 경험할 수 있었다.

『하늘 비전으로 형통하라』를 집필하면서 공동체가 함께 누렸던 은혜와 회복을 모두 함축해 글로 표현하는 작업에 간혹 한계를 느끼기도 했다.

소원하기는 이 책을 가슴으로 읽어 주기를 바란다. 가슴으로 함께 느끼기를 바란다. 그리고 이 책을 읽는 모든 분의 가슴속에, 은혜의 공동체에 주님께서 부어 주셨던 소중한 꿈과 놀라운 비전이 함께하길 소망한다.

꿈을 주신 하나님 아버지께 모든 영광과 감사를 올려 드리며, 은혜의 공동체의 동역자들과 이 책이 세상에 태어나도록 끊임없이 격려와 배려를 해주신 영원한 스승 옥한흠 목사님과 국제제자훈련원의 모든 분에게 진심으로 감사를 드린다.

차례

머리말 | Scars into Stars • 4

1부 대가를 지불하라

1_ 꿈, 미래를 만드는 키워드

꿈에 인생을 걸어라 • 12   거룩도 때론 배척의 이유가 된다 • 14   주님의 꿈을 꾸라 • 22   꿈의 사람은 하나님의 동역자다 • 29   창조적 고통으로 미래를 만들라 • 32   내가 아니면 할 수 없는 일이 반드시 있다 • 45

2_ 형통, 온전한 동행

이것은 꿈을 향한 대가 지불이다 • 51   고통, 관점의 차이다 • 55   하나님이 함께하는 사람이 복 있는 사람이다 • 59   형통에 관해 착각하지 말라 • 62   작은 것이 큰 것을 만든다 • 68   전 인격을 다해 감사하라 • 74

3_ 고통, 하나님의 섭리

하나님 앞에서 살라 • 81   분명히 결단하라 • 87   억울한 누명도 쓸 수 있다 • 95   시련이 커도 하나님의 손길보다 클 수 없다 • 102   하나님이 역사를 준비하신다 • 108   영원한 목적을 가지라 • 112   영향력을 드러내라 • 117

4_ 인생의 반전

절묘한 타이밍이 있다 • 121   또 다른 문을 열어 주신다 • 129   꿈이 위대할수록 대가가 크다 • 135   비밀 열쇠를 아는 사람이 되라 • 141

 용서로 이루라

1_ 상처 정복
쓴 뿌리를 선용하라 • 148   상처 속에 하나님의 비전이 있다 • 153   눈물로 보석이 만들어진다 • 157   보듬는 삶을 살라 • 160

2_ 겸손, 최대의 덕목
정상에 도취되지 말라 • 163   비전은 고통을 선용한다 • 167   변화를 기대하라 • 172   용서를 구하라 • 176   진실을 정확하게 표현하라 • 182   하나님의 은혜 앞에 철저히 위탁하라 • 191

3_ 화해 선언
과거와 화해하라 • 199   끊임없이 나아가라 • 203   내가 대신 죽겠다 • 207   고통을 앙금처럼 묻어 두지 말라 • 213   정말 용서했다면 기억도 하지 말라 • 221   지금이 최선이다 • 225   고통을 포용하고 사랑하라 • 231

4_ 계속되는 비전
성공한 사람은 특징이 있다 • 236   하나님의 시각으로 바라보라 • 239   반응으로 결정된다 • 242   고난을 통해 진정한 회복이 성취된다 • 244   축복을 선언하라 • 252   인생에는 나를 나 되게 하는 조연이 있다 • 260   하나님의 계보가 준비된다 • 267   하나님의 형통은 확장된다 • 274

1부 대가를 지불하라

1_ 꿈, 미래를 만드는 키워드

하나님의 비전을 가슴에 품은 사람은 그것을 이루기 위해 대가를 지불해야 한다.
그 꿈이 이루어질 때까지 목표를 설정하고 그것을 이루기 위해
눈물과 시련의 골짜기를 지날지라도 그 꿈을 향해, 주님을 향해
온전히 의지하고 믿음으로 서야 한다.
그래야 진짜 꿈이다.

꿈에 인생을 걸어라

> 꿈을 막연하게 소유하고만 있어서는 안 된다.
> 꿈을 이루려면 분명히 대가 지불을 결단하고, 평생 그 대가 지불을 감당해야 한다.

당신에게 지금 꿈이 있는가? 어떤 꿈을 갖고 삶을 바라보느냐에 따라 우리의 미래는 완전히 달라진다.

미국 위튼 대학교에서 신입생 오리엔테이션을 하면서 "미래의 꿈을 간략하지만 분명하게 적어 보라"는 설문 조사를 실시했다. 조사 결과 97퍼센트의 학생이 백지를 제출하거나 무성의하게 답을 적어 냈다. 나머지 3퍼센트의 학생만이 자신의 꿈에 대해 심도 깊은 생각을 담아 설문지를 제출했다.

설문은 여기서 끝나지 않고 오랜 세월이 흐른 후, 그때 설문에 답했던 사람들이 어떤 삶을 살고 있는지도 알아보았다. 그 결과가 어떨 것 같은가? 자신의 꿈을 심도 깊게 글로 썼던 3퍼센트의 응답자는 다른 97퍼센트의 응답자에 비해 성공적이고 진취적인 삶을 살고 있었다.

이는 우리 가슴에 어떤 꿈을 담고 있는가 하는 것이 우리의 미래를 결정짓는 시금석이 된다는 사실을 검증해 주는 좋은 예다.

하나님은 '요셉'에게 꿈을 주셨다. 그의 가슴에 품게 한 그 꿈은 막연한 희망사항이나 망상이 아니었다. 선명하고 명료한 하나님의 비전이었다. 우리는 요셉을 '꿈의 사람'이라고 말한다. 성경을 살펴보면 그는 꿈을 소유했을 뿐 아니라 꿈을 이루기 위해 전 생애에 걸쳐 철저하게 헌신한 사람이다. 또한 자신이 가진 꿈을 성취하기 위해 대가를 지불할 줄도 알았다. 바로 이 점이 꿈을 이룰 수 있는 비결이다.

많은 사람이 꿈을 가지고 있으면서도 이루지 못하는 것은 그것을 이루기 위해 어떤 대가도 지불하지 않았기 때문이다. 꿈을 막연하게 소유하고만 있어서는 안 된다. 꿈을 이루려면 분명히 대가 지불을 결단하고, 평생 그 대가 지불을 감당해야 한다.

거룩도 때론 배척의 이유가 된다

하나님 안에서 열심히 성실하게 생활해도 세상은 때로 우리를 비난하고 힘들게 한다.
그러므로 세상을 낭만적으로 보기보다는 깨어서 선악을 분별하는 지혜를 가져야 한다.

꿈을 이루기 위한 첫 번째 대가 지불은 배척이다.

요셉은 꿈을 가졌다는 이유로 처음부터 배척을 당했다. 그는 형들로부터 외면당한 채 고독한 삶을 살았지만, 결코 절망하지 않았다. 꿈을 이루기 위해 지불할 대가라는 것을 확신하고 있었기 때문이다. 그는 열일곱 살의 나이에 하나님의 꿈을 가슴에 품고 살기 시작했다.

성경 말씀을 보면 "야곱이 가나안 땅 곧 그의 아버지가 거류하던 땅에 거주하였으니 야곱의 족보는 이러하니라 요셉이 십칠 세의 소년으로서 그의 형들과 함께 양을 칠 때에 그의 아버지의 아내들 빌하와 실바의 아들들과 더불어 함께 있었더니 그가 그들의 잘못을 아버지에게 말하더라"^{창 37:1-2}고 되어 있다.

성경은 이제 '야곱'의 삶에서 '요셉'의 삶으로 초점을 옮겨 가기 시작한다. 하나님은 열일곱 살의 요셉에게 꿈을 심어 주셨는데, 꿈을 갖기 시작했다고 해서 금방 성공하는 것도 아니고 금방 형통하게 되는 것도 아니다. 성경은 우리에게 오히려 하나님이 주신 그 꿈 때문에 배척당하고 그 꿈으로 인해 죽음의 위기까지 내몰리며 오랜 세월 처절한 고통을 곱씹는 삶이 시작되었다고 말하고 있다.

어떤 죄와도 타협하지 않는 용기

성경에서 요셉이 배척당하게 된 원인을 살펴보면 다음과 같다.

첫 번째로, 요셉은 형들의 모든 과실을 아버지께 고자질해 미움을 받았다. 사실 어느 누구도 고자질하는 사람을 좋아하지 않는다. 그리고 다른 사람의 약점과 잘못을 고자질했다면 미움을 받아 마땅하다. 하지만 이것은 철저하게 형들의 관점에서 요셉을 바라본 것이다. 우리는 성경을 하나님의 관점에서 봐야 한다. 하나님이 세우신 그 주인공의 관점에서 봐야 한다. 그러므로 성경을 통해 우리에게 말하고자 하는 요셉의 항변에 귀 기울일 필요가 있다.

그렇다면 요셉이 형들의 잘못을 아버지에게 일러바친 이유를 알아보자. 열일곱 살의 소년 요셉이 형들의 죄악과 그들의 패역을 대항하는 유일한 방법은 아버지에게 이야기하는 것밖에 없었다. 요셉의 형들은 세겜성의 모든 남자를 죽인 패역한 자들이었다. 자기 여동생을 겁탈한 사건으로 마음에 한을 품었다고 해서 세겜성에 있는 모든 남자를 죽이고 도적질한 것은 너무 지나친 행동이었다. 게다가 그들은 그 행동에 조금의 죄의식도 갖지 않았다. 오히려 자신들의 정당성을 주장했다.

장남 '르우벤'은 자기 아버지 후처인 '빌하'와 관계를 맺기까지 했다. 이 일은 아버지 야곱에게 수치심과 커다란 모욕을 가져다주었다. 또한 르우벤의 행실은 다른 형제들에게도 나쁜 영향을 끼쳤다. 결국 요셉의 형들은 모두 악행을 일삼으며 큰 죄를 지었다. 그러다 보니 연약한 요셉이 죄를 거부할 수 있는 유일한 방법은 아버지에게 말하는 것밖에 없었다. 이런 이유로 요셉은 형들로부터 미움을 받게 되었다.

훗날 애굽 땅에 살면서 요셉은 그 어떤 죄와도 타협하지 않는 모습을 보여 주었다. 눈 한번 질끈 감으면 편안하게 살 수 있었는데도 불구하고 그렇게 하지 않았다. '정직'이 요셉의 트레이드마크가 되었다. 하지만 형들은 그런 정직함을 싫어해서 그를 따돌리고 미워하기까지 했다. 그래서 요셉은 항상 외따로 지내게 되었다.

세상을 살아가다 보면 고독할 때가 있다. 많은 크리스천이 하나님 앞에서 거룩하게 살지 못해 맛 잃은 소금처럼 배척당한다는 말을 자주 하는데, 실제로 세상을 산다는 것이 그리 녹록한 일만은 아니다.

하나님 안에서 열심히 성실하게 생활해도 세상은 때로 우리를 비난하고 힘들게 한다. 그러므로 세상을 낭만적으로 보기보다는 깨어서 선악을 분별하는 지혜를 가져야 한다.

예수님은 제자들에게 "세상이 너희를 미워하면 너희보다 먼저 나를 미워한 줄을 알라"요 15:18고 말씀하셨다. 세상은 우리에게 거룩한 삶을 보여 달라고 한다. 그러나 실제로 거룩한 삶을 보이면 그것을 당연하게 여기고 작은 모순 하나를 발견하면 그것으로 꼬투리를 잡고 공격한다. 이처럼 세상은 크리스천의 허점과 문제점을 들춰 내고 싶어한다.

사람들은 자신과 다른 견해를 가진 사람을 경계의 눈으로 바라보며, 자신보다 의롭거나 믿음 좋은 사람을 싫어하는 경향이 인간의 악한 본성에 있다. 교회 안에서도 항상 좋은 것을 권고하고 격려하고 하나님께 헌신하도록 바른말을 해주는 사람이 때로는 왕따를 당하기도 한다. 초록은 동색이라고 비슷하게 서로 색을 맞춰 적당하게 현실에 안주하는 사람을 오히려 존경스러운 눈빛으로 바라본다.

그러나 우리는 신앙적으로 바른 충고를 해주는 사람을 사랑해야 한다. 고통스럽지만 우리의 약점을 찔러 주는 사람을 사랑해야 한다. 우리의 삶 속에서 거룩한 영성을 회복하도록 옆에서 자극하는 사람을 사랑해야 한다. 하지만 요셉은 거룩한 삶을 살았다는 이유로 오히려 형들로부터 미움을 받고 배척당했다.

시기와 질투에 앞서 자신의 잘못부터 반성

두 번째로, 아버지의 편애가 문제였다. 유독 요셉을 사랑한 아버지의 편애가 깊은 갈등의 씨를 가져다주었다.

"요셉은 노년에 얻은 아들이므로 이스라엘이 여러 아들들보다 그를 더 사랑하므로 그를 위하여 채색옷을 지었더니 그의 형들이 아버지가 형들보다 그를 더 사랑함을 보고 그를 미워하여 그에게 편안하게 말할 수 없었더라"창 37:3-4는 성경 말씀을 통해 아버지 야곱이 요셉을 특히 사랑했음을 알 수 있다.

형들의 입장에서 보면 이것은 굉장히 가슴 아픈 일이다. 그들은 아버지에게 "요셉만 자식이냐! 왜 그 아들만 사랑하느냐. 우리도 똑같은 자식이다"라고 항변했을 수도 있다.

그러나 여기서도 우리는 형들의 관점보다는 하나님과 요셉의 관점에서 살펴봐야 한다. 아버지 야곱에게 요셉은 어떤 아들인가? 야곱이 가장 사랑했던 라헬의 소생이 바로 요셉이다. 레아라는 조강지처가 있지만 야곱의 마음속에는 라헬이 진정한 아내였다. 요셉은 라헬을 얻기 위해 무려 14년 동안 봉사했는데, 그만큼 그녀를 마음속 깊이 사랑했음을 알 수 있다. 더구나 라헬은 자식을 얻기 위해 오랫동안 하나님께 눈물로 호소했으며, 그 눈물로 요셉을 얻었다. 그런데 그녀는 막내 베냐민을 낳다가 그만 죽고 만다. 야곱에게 라헬의 소생은 요셉과 베냐민 둘밖에 없었다. 그러나 야곱은 베냐민보다 요셉을 더 사랑한 것 같다. 요셉이 라헬을 더 많이 닮았기 때문이 아닐까.

우리 또한 야곱과 다르지 않다. 남편이 사랑스러우면 그를 빼닮은 아이를 더 예뻐하는 게 인지상정이다. 그런데 남편을 미워하면 그를 빼닮은 아이에게 "자기 아버지를 빼닮았어. 저놈 하는 짓이 꼭 자기 아버지 같다니까"라고 말할 수 있다. 야곱은 다른 아들들보다 요셉을 더 사랑했다. 장남이 아버지의 침상을 더럽히는 막돼먹은 행동까지 하는 상황이라면 다른 아들들에 대해 배신감과 모멸감을 느낀 것은 당연한 일이다. 그러니 자기를 따르고 순종하는 요셉을 사랑할 수밖에 없었으리라.

그리고 요셉에게는 채색옷을 입혔다고 했는데, '채색옷'^{색동 옷}에는 중요한 의미가 내포되어 있다. 중동 지방의 고대 풍속에 채색옷을 입힌다는 것은 "이 아들은 내 상속자다"라는 사실을 널리 알린다는 의미였다. 장남인 르우벤이 채색옷을 입어야 마땅하지만 야곱은 요셉에게 이 옷을 입혔다. 르우벤의 행실에 실망한 야곱이 요셉을 자신의 상속자로 생각했을 수도 있다. 상황이 이렇다면 다른 형들은 아버지의 편애에 시기하고 질투하기보다는 자신들의 잘못을 반성하고 어떻게 해야 아버지에게 기쁨을 드릴 수 있을지 고민해야 했다. 하지만 형들은 요셉을 미워하는 것으로 자신들의 분노를 표현했다.

공동체 내에서도 종종 편애가 문제시될 때가 있다. "예전에 다니던 교회에서는 편애가 아주 심했어요"라고 하면서 상처받은 심정을 토로한 성도가 있었다. "주로 어떤 편애를 합니까"라고 물었더니 "그 목사님은 돈 많은 사람만 사랑하는 것 같았어요. 그런 사람에게 특히 친절하더군요"라고 대답했다.

교회도 사람들이 모여 이룬 공동체이므로 그런 일이 일어날 때가 있다. 만약 누군가로부터 "목사님도 편애를 하십니까?"라는 질문을 받는다면 나는 "예, 편애하기도 합니다. 은혜의 공동체 안에서라도 모두 똑같이 예쁘지는 않습니다. 모두 귀하지만 그중에서 좀 더 예쁜 사람도 있습니다"라고 대답할 것이다.

자신이 낳은 자식도 예쁠 때가 있고 미울 때도 있다. 그리고 예쁜 짓을 하거나 예쁜 말을 하면 아주 예뻐 보이다가 갑자기 미운 행동이나 말을 하면 미워질 때가 있다. 이게 부모의 마음이 아닐까. 그러다 보니 공동체 안에서도 더 예쁜 사람이 있을 수밖에 없다. 언제나 한결같은 사람에게 관심이 더 가고, 예배 드릴 때 뒤에 앉아 하품만 하는 사람보다 앞자리에 앉아 초롱초롱한 눈빛으로 말씀을 듣는 사람에게 시선이 더 가는 것은 어쩔 수 없다.

정성껏 음식을 준비했는데 그것을 맛있게 먹어 주는 아들과 "음식 맛이 뭐 이래" 하는 아들 중에서 어느 쪽이 더 예쁜가? 다른 사람들이 편애하는 거라고 말한다면 옳은 말이다. 하지만 세상적인 잣대로 돈 많은 사람이나 힘 있는 사람을 편애하는 것은 결코 아니다.

하나님도 편애하시는 걸까? 그렇다면 어떤 사람을 더 사랑하시는가? 하나님의 말씀에 관심을 갖는 사람, 그 말씀 앞에 철저하게 순종하는 사람을 편애하신다. 성경을 보면 "내가 이새의 아들 다윗을 만나니 내 마음에 맞는 사람이라 내 뜻을 다 이루리라 하시더니"^{행13:22}라고 했다. 여기서 사울과 다윗의 차이점은 듣고 순종하는 마음과 거부하는 마음의 차이였음을 기억하라.

누군가에게 "너무 편애하는 것 아니냐"라고 말하기 전에 먼저 그 사람이 다른 사람을 편애할 수밖에 없는 이유를 생각해 보라. 평범한 우리의 삶에도 이런 편애가 있다면 야곱의 가정에는 상당히 복잡한 문제가 있었을 거라고 추측된다.

주님의 꿈을 꾸라

> 꿈을 가슴에 품은 사람은 오늘의 눈물과 절망을 좌절이라고 생각하지 않는다.
> 거룩한 희생이라고 생각하고 그 꿈을 이루기 위해 아낌없이 희생하고
> 그것이 자라나도록 수고를 아끼지 않는다.

요셉이 그렇게 배척당한 데는 더 큰 이유가 있었다. 다름 아닌 그의 가슴에 품은 하나님의 꿈 때문이었다. 이것이 요셉이 배척당하게 된 세 번째 요인이자 가장 근본적인 갈등을 일으킨 원인이다. 하나님은 그에게 두 개의 꿈을 주셨다. 이 꿈은 망상이 아니라 하나님이 요셉에게 임재하셔서 그를 확실히 믿게 만드는 미래에 대한 하나의 사인이었다.

하나님의 비전을 품은 꿈

요셉은 첫 번째 꿈에 대해 "우리가 밭에서 곡식 단을 묶더니 내 단

은 일어서고 당신들의 단은 내 단을 둘러서서 절하더이다"창 37:7라고 말했다.

이는 미래지향적인 꿈이었다. 훗날 요셉이 어찌 되었는가? 야곱의 자녀들, 즉 요셉의 형제들은 가뭄 때문에 곡식을 구하기 위해 애굽으로 내려온다. 그때 총리가 된 요셉을 만나게 되는데, 그들은 곡식을 얻기 위해 동생 앞에 무릎을 꿇는다. 하나님의 꿈이 성취되는 현장이다. 이것은 요셉이 자기 자신을 드러내려고 한 행동이 아니었다. 주님이 주신 비전 때문에 그렇게 되었다. 결국 가정을 구원하고 수많은 사람을 구원하는 하나님의 비전이 그의 가슴에 심어졌던 것이다.

요셉은 두 번째 꿈을 꾸고 나서 "해와 달과 열한 별이 내게 절하더이다"창 37:9라고 말했다. 이 꿈 이야기를 들은 형들이 요셉을 시기하게 된다. 아버지 야곱마저 "네가 꾼 꿈이 무엇이냐 나와 네 어머니와 네 형들이 참으로 가서 땅에 엎드려 네게 절하겠느냐"창 37:10라고 요셉을 꾸짖었다.

여기서 우리는 요셉의 꿈이 주님을 예표像表하고 있다는 사실을 깨닫게 된다. 예수님은 꿈을 가지셨고, 비전이 있으셨다. 예수님은 '죄인들을 구원해서 하나님의 거룩한 백성으로 삼아야 한다. 그리고 거룩한 후사로 세워야겠다. 그리고 그들과 더불어 하나님의 나라를 완성해야 한다. 그들은 내 동역자이자 파트너다. 장차 영광스러운 하나님의 나라가 완성되면 나는 그들과 더불어 그 영광을 함께 누릴 것이다'라는 꿈을 품으셨다.

예수님은 그 꿈을 위해 이 땅에 오셨고, 그 꿈을 이루기 위해 십자가에서 죽으셨다. 사람들은 십자가에서 죽으신 예수님만 보았을 뿐, 그 꿈 때문에 다시 살아나신다는 것을 이해하지 못했다. 하지만 예수님은 그 꿈 때문에 다시 살아나셨다. 고난당하셨지만 다시 살아나서 영광의 자리에 오르셨다.

요셉은 바로 그 영광을 본 것이다. 자신의 영광뿐 아니라 앞으로 오실 메시아의 영광, 예수 그리스도의 영광, 그분의 꿈이 어떻게 실현될 것인가를 보고 확신을 가졌다. 그러나 형들은 그를 비난하고 비웃기 시작했다. 형들의 비웃음에 아랑곳하지 않고 요셉은 이 꿈을 가슴에 담았다. 비전을 갖게 된 것이다.

우리 가슴에 꿈이 심어진다면 이 꿈은 우리의 입술을 통해, 고백을 통해 흘러나온다. 꿈은 숨길 수 없다. 『탈무드』를 보면 "기침과 사랑은 숨기지 못한다"라는 말이 나온다. 사랑하는 사람을 만나면 어떻게든 그 사람과 말하고 싶어 입이 근질거린다. 꿈도 마찬가지다. 말하고 싶어지니 드러나게 되어 있다.

모든 것을 쏟아 붓는 삶

하나님의 비전을 가슴에 품은 사람들은 그것을 이루기 위해서는 대가를 지불해야 한다는 사실을 다시 한 번 점검할 필요가 있다. 그 꿈이 이루어질 때까지 목표를 설정하고 그것을 이루기 위해 눈물과 시련의 골짜기를 지날지라도 그 꿈을 향해, 주님을 향해 온전히 의지하고 믿음으로 설 것을 다짐해야 한다. 그래야만 진짜 꿈이다. 만약 이런 과정을 거치지 않는다면 그 꿈은 망상이지 진정한 비전이 아니다. 비전을 갖게 되면 어려움이 닥쳐도 포기하고 절망하지 않는다. 그 어떤 어려움도 수용하게 되고 고난을 통해 그 꿈을 키우게 된다. 눈물을 통해 그 꿈을 키우겠다는 열망을 갖게 된다.

이른 봄 농부가 씨앗을 땅에 뿌린다. 이때 결실에 대한 꿈이 없으면 씨앗을 그냥 버리는 것에 불과하다. 결실에 대한 꿈을 갖고 있기 때문에 그것은 심는 것이라고 말할 수 있다. 마찬가지로 꿈을 가슴에 품은 사람은 오늘의 눈물과 절망을 좌절이라고 생각하지 않는다. 거룩한 희생이라고 생각하고 그 꿈을 이루기 위해 아낌없이 희생하고 그것이 자라나도록 수고를 아끼지 않는다.

유명한 영화감독인 스티븐 스필버그는 일곱 살 때부터 '나는 유명한 영화감독이 되겠다'라는 꿈을 품었다고 한다. 그 꿈은 〈쥬라기 공원〉〈쉰들러 리스트〉같은 영화를 탄생시켰다. 그러나 그가 유명한 감독이 된 데는 주변의 도움도 컸다.

　스필버그는 아버지한테 선물받은 작은 촬영용 카메라를 가지고 어려서부터 영화를 찍었다. 어느 날 인형을 눕혀 놓고 총을 "팡!" 하고 쏘는 시늉을 했다. 그 장면에서 피가 나와야 하는데, 진짜 피처럼 보이려면 뭘 발라야 했다. 이것저것을 발라도 진짜 피처럼 보이지 않자 어린 스필버그는 오랫동안 인형에게 뭘 발라야 피처럼 보일까 고심했다. 이를 지켜보던 그의 어머니는 아들을 위해 체리 주스를 사다가 그것을 냄비에 넣고 몇 시간 동안 고았다. 이것이 걸쭉해지자 제법 피처럼 보였다. 그래서 그걸 인형에다 발라 주면서 "야, 정말 피 같다!"라고 말해 주었다. 아버지는 한 술 더 떠서 세트장을 만들 공간이 필요하다는 생각이 들어 아예 교외로 이사를 했다. 그리고 넓은 땅에다 자그마한 세트장을 만들어 주기 시작했다. 이처럼 스필버그의 부모는 아들의 꿈에 아낌없는 격려를 보냈다. 이 격려는 스필버그의 꿈을 완성하는 원동력이 되었다.

　꿈을 완성하려면 그 과정에서 눈물이 필요하고 주위 사람들의 격려와 도움도 필요하다. 마음속에 품은 꿈을 완성하려면 시련과 눈물과 고난을 통과하는 과정이 선용되어야 한다. 하지만 이것을 거부한다면 그것은 꿈이 아니다. 그건 망상이자 헛된 꿈에 불과하다. 꿈은 누구나 가질 수 있지만 하나님의 비전을 완성하는 진정한 꿈을 소유한다는 것은 결코 쉽지 않다.

요셉은 꿈 때문에 모든 고난을 극복할 수 있었다. 그는 꿈을 이루어 정상에 서지만 그 과정은 파란만장했다. 꿈 때문에 형들에게 미움을 사고, 꿈 때문에 죽을 위기에 빠졌다가 결국 종의 신세가 되어 애굽으로 팔려 갔다. 그리고 꿈 때문에 죄악과 타협하지 않고 거부하다가 억울한 누명을 쓰고 감옥에 갇히는 신세가 되었다. 이처럼 요셉은 꿈 때문에 오랫동안 고통의 시간을 보냈다.

"한 사람을 앞서 보내셨음이여 요셉이 종으로 팔렸도다 그의 발은 차꼬를 차고 그의 몸은 쇠사슬에 매였으니."시 105:17-18

여기서 쇠사슬에 매여 있는 몸을 히브리어로 '루아흐'라고 한다. 우리말로 '몸'보다는 '영'이라고 번역하는 것이 좋다. 그 영이 쇠사슬에 묶인다. 그 다음에 "곧 여호와의 말씀이 응할 때까지라 그의 말씀이 그를 단련하였도다"라는 구절이 나온다. 이는 하나님께서 요셉의 가슴에 꿈을 심어 주셨기 때문에 가능한 일이었다. 그 꿈이 이루어질 때까지 하나님은 그를 종으로 앞서 가게 하시고, 그의 영혼 속에 구멍을 뚫어 거기에 사슬을 꿰어 묶기까지 하셨다. 말씀이 성취될 때까지 말이다.

요셉은 꿈 때문에 자신의 영혼에 구멍이 뚫리고 사슬에 묶인 신세가 되었다. 가장 비천한 곳, 가장 낮은 곳, 가장 처참한 곳까지 내려가야 했다. 그러나 이것은 그 꿈을 성취하기 위한 과정이었다. 그는 영광의 정상을 향해 가기 위해 자신의 모든 것을 쏟아 부어야만 했다. 주님이 주신 꿈을 위해 자신의 모든 것을 쏟아 부었던 그는 진정 행복한 사람이었다.

꿈의 사람은 하나님의 동역자다

꿈을 포기하지 않고 전진하는 한 주님의 그 비전이 우리 속에서 완성될 때가 반드시 올 것이다.
이것이 하나님의 약속이다.

라인홀드 니버R. Niebuhr는 "충만한 삶이란 꿈을 가득한 삶이다"라고 말했다. 성경에 나오는 인물은 모두 꿈의 사람이다. 이름 없이 빛도 없이 그 인생을 묵묵히 걸어갔던 사람이다. 그들은 당시에는 성공한 사람이 아니었을 수도 있지만, 그들은 십자가와 부활에 대한 믿음으로 자신의 인생을 아낌없이 내놓았다. 그리고 용감하게 하나님 나라의 연결고리가 되었다. 그들은 자신의 세대만이 아니라 다음 세대를 연결하는 고리 역할을 기꺼이 감당했다. 하나님은 그들을 당신의 동역자라고 말씀하셨다.

그렇다면 우리는 이런 꿈과 비전을 갖고 있는가? 대부분의 사람들은 '한 번 왔다 가는 인생인데 그저 내 한 몸 잘 먹고 잘 살면 되지'라고 생각하지만, 하나님의 사람들은 이렇게 생각하지 않는다. 그렇다면 일생을 투자해 이루고 싶은 비전이 무엇일까? 우리는 젊음과 시간을 투자해 우리 세대와 다음 세대에 하나님의 생명을 불어넣을 수 있는 진정한 꿈이 무엇일지를 진지하게 고민해야 한다. 이런 사람이야말로 선각자이자 믿음의 사람이다.

성경은 이런 삶을 살다간 사람들의 이야기를 전해 주고 있다. 세상은 그들을 감당하지 못했지만, 그들이 가진 꿈이 우리의 오늘을 열어 가고 있다. 그 꿈이 우리의 미래를 만들어 가고 있다.

우리의 꿈이 아무리 귀하고 아름답고 멋있을지라도 지금 처해 있는 현실은 때때로 혹독할 수 있다는 사실을 명심하라. 우리가 살고 있는 현실의 삶은 처절한 고통의 연속일 수 있으며, 언제든 우리를 속일 수 있다는 것을 기억해야만 한다. 그러나 그 꿈을 포기하지 않고 전진하는 한 주님의 그 비전이 우리 속에 완성될 때가 반드시 올 것이다. 이것이 하나님의 약속이다.

현재 처한 현실과 환경만 바라봐선 안 된다. 약속을 바라봐야 한다. 하나님이 여호수아와 갈렙을 사랑하신 이유가 뭘까? 이들은 현실만 보지 않고 약속과 꿈을 보았다. 민수기 14장을 보면 이들은 꿈을 보았고, 다른 사람들은 현실을 보았기 때문에 그들을 대적했다. 그러나 그 꿈은 실현되었다. "그 날에 여호와께서 말씀하신 이 산지를 지금 내게 주소서."수 14:12 그는 45년 전에 이미 꿈을 가졌고, 지금 그 꿈은 실현되었다. 그러나 오랜 기간 얼마나 많은 희생과 눈물의 삶을 보냈는지 모른다.

그러므로 우리는 꿈을 긍정적으로 선포해야 한다. 조엘 오스틴^{Joel} ^{Osteen}은 『긍정의 힘』 실천편에서 다음과 같이 말했다.

나는 비전을 키우는 사람이다.
나는 건강한 자아상을 일군다.
나는 생각과 말의 힘을 발견한다.
나는 과거의 망령에서 벗어날 것이다.
나는 역경을 통해 강점을 찾는다.
베푸는 삶을 살라.
나는 언제나 행복하기를 선택했다.

사람에게는 일반적으로 부정을 선택하려는 생각이 강한데, 우리는 긍정적인 파동을 일으켜야 한다.

우리가 가진 꿈을 하나님을 향해 순종하고 헌신함으로써 계속 소유하고 그 꿈을 자라나게 하라. 그러면 그 꿈은 우리의 것이 되고, 우리의 인생을 하나님 앞에 존귀하게 만들어 갈 것이다. 절대 포기하지 말라!

창조적 고통으로 미래를 만들라

고난을 가슴에 담고 창조적으로 선용하고 극복하는 사람에게 고난은 기회가 된다.
하나님의 사람에게는 어려움을 겪을 때마다 그 위기와 고난을
긍정적으로 받아들이는 자세가 필요하다.

우리는 하나님을 온전히 의지하고 신뢰할 때 나타나는 하나님의 도우심, 하나님의 역사, 하나님의 승리를 경험해야 한다.

저명한 상담학자 폴 투르니에Paul Tournier는 자신의 저서『고통보다 깊은Face a la Souffrance』을 통해 독자에게 자신의 삶을 고백하고 있다. 그는 태어난 지 두 달 만에 아버지를 잃었고, 다섯 살 되던 해에 어머니마저 잃고 나서 어린 시절부터 자폐증 증세를 보이기 시작했다고 한다. 다른 사람을 거부하면서 자기 자신을 가둬 놓는 삶을 살게 되었던 것이다.

그러던 어느 날 좋은 크리스천 교사를 만나면서 그의 인생은 조금씩 긍정적으로 바뀌기 시작했다. 크리스천 교사가 전해 주는 사랑과 기도를 통해 하나님의 사랑을 듬뿍 안고 살게 된 것이다. 폴 투르니

에는 이 책에서 "하나님께서 그의 사람을 만들어 가는 방법이 있는데, 그것은 다름 아닌 고통이다. 그러나 단지 고통으로 사람을 만드는 것이 아니라 그 고통에 대한 반응이 그 사람을 만들어 간다"라고 이야기한다.

이 책에서 폴 투르니에는 '창조적 고통'이라는 표현을 사용했다. 똑같은 고통일지라도 무의미한 고통이 있고, 창조적 고통이 있다. 무의미한 고통을 느끼는 사람은 고통을 그냥 대충대충 느끼고 살아간다. 그저 팔자소관이라고 치부하거나, 절규하고 한을 품고 산다면 그것은 그저 고통에 불과하다.

그러나 '창조적 고통'은 그 고통을 통해 삶을 반추해 볼 수 있다. 고통을 선용하는 것이다. 이는 고통을 긍정적으로 재해석한다는 뜻이다. 그래서 창조적으로 고통을 경험하는 사람들에게는 고통이 선용되어 위대한 비전을 이루는 과정이 된다고 한다.

그는 상담할 때 상대방의 인생을 반추해 보고, 그 인생 속에 나타나는 다양한 문제들을 어떻게 경험했는지, 또 어떻게 선용했는지 물어보았다고 한다. 그리고 나서 "이제는 그 고난을 선용하십시오. 고난을 수용하십시오. 창조적 고통으로 만드십시오"라고 말한다고 했다. 이를 통해서 그는 한 사람 한 사람을 치료하는 역할을 감당할 수 있게 되었다.

고통을 긍정적으로 해석하는 자세

하나님의 사람이란 어떤 사람을 말하는가? 우리는 "자신에게 주어진 다양한 고통, 창조적 고통을 선용하면서 하나님의 비전과 하나님의 꿈을 가슴속에 채워 가는 사람"을 하나님의 사람이라고 말한다. 하나님은 성경에 나오는 수많은 하나님의 사람에게 다양한 고통과 역경을 통해 그들의 가슴속에 꿈과 비전을 심어 주셨다. 세상적인 가치관이 아니라 하나님의 가치관, 하나님의 꿈, 하나님의 비전을 그 가슴속에 심어 주셨다.

그런데 중요한 것은 단순히 어려운 환경이 우리를 우리답게 하는 것은 아니라는 사실이다. 그보다 어떻게 그 고난을 수용하고 창조적으로 선용하는가 하는 것이 미래를 만들어 가는 열쇠가 된다. 그러므로 고난을 가슴에 담고 창조적으로 선용하고 극복하는 사람에게 고난은 기회가 된다. 적당히 살거나, 인생에 대해 끊임없이 불평하고 원망하고, 모든 잘못된 일을 팔자소관으로 돌리는 사람에게는 기회가 찾아오지 않는다. 하나님의 사람에게는 어려움을 겪을 때마다 그 위기와 고난을 긍정적으로 받아들이는 자세가 필요하다.

그렇다면 우리는 어떤가? 지금까지 살아오는 동안 많은 고난을 겪었다. 여기에는 눈물과 고통도 뒤따랐다. 그때 우리는 어떻게 반응했는가? 부정적으로 반응하는 사람은 환경을 원망하고 자신을 낳아 준 부모와 주위 사람들을 원망한다. 시대를 원망하고 심지어 자신의 운명을 저주하기까지 한다. 하지만 하나님의 사람은 그 고난을 수용할 수 있어야 한다. 꿈의 사람, 비전의 사람에게 고난은 꼭 찾아온다. 고난은 꿈을 성취해 가는 가장 중요한 과정이기 때문이다.

요셉에게도 고난이 찾아왔다. 그러나 요셉의 가슴에 품은 꿈과 비전을 성취하기 위해 고난은 필연적 과정이었다. 또한 그는 비전을 이루기 위해 대가를 지불해야 한다는 것을 항상 가슴에 새기고 살았다. 그 결과 고난을 귀찮게 여기고 적당히 피해 가려는 사람과는 인생 전체가 판이하게 달랐다.

"그의 형들이 세겜에 가서 아버지의 양떼를 칠 때에 이스라엘이 요셉에게 이르되 네 형들이 세겜에서 양을 치지 아니하느냐 너를 그들에게로 보내리라 요셉이 아버지에게 대답하되 내가 그리하겠나이다."창 37:12-13

야곱은 다른 아들들의 안부를 살피기 위해 요셉을 보낸다. 야곱의 가족은 양떼를 치며 이곳저곳을 옮겨 다니는 유목 생활을 했다. 그런데 야곱이 나이가 들어 유목 생활을 할 수 없게 되자 헤브론 지역에 본거지를 둔 채 아들들은 많은 양떼를 먹이러 매일 먼 거리를 이동해야 했다. 특히 유대 산지는 1년 중 11월부터 2월까지만 비가 내리기 때문에 유목 생활을 하는 것이 쉽지 않았다. 야곱의 아들들은 양떼를 몰고 세겜 지역까지 가 있었다. 세겜이 어디인가? 예전에 자신의 아들들이 그 도시 남자들을 전부 살육한 곳이다. 그런 두려움을 무릅쓰고 그곳까지 가서 양을 먹일 수밖에 없는 이유는 생존이 달린 문제였기 때문이다.

야곱은 아들들의 근황이 궁금해 사랑하는 요셉을 형들에게 보냈다. 애지중지하는 요셉에게 독립심을 키워 주고, 형들과 좋은 관계를 유지하도록 그를 보낸 것이다. 종을 보낼 수도 있었는데 사랑하는 요셉을 보낸 데는 이런 이유가 있었다. 그래서 요셉은 아버지의 명령을 받고 먼 거리를 여행하게 된다.

세겜까지 찾아갔지만 형들은 그곳에 없었다. 그래서 이 광야 저 광야를 찾아다니다가 나중에 한 사람을 만나게 된다. 그가 "누구를 찾느냐, 왜 광야를 헤매느냐?"라고 묻자 요셉은 "형들을 찾습니다. 어디 있는지 아십니까? 좀 알려 주십시오"라고 대답한다. 그는 열 명의 형제들을 만났는데 "우리 도단으로 가자"라는 말을 했다고 전해 준다. 세겜에서 도단까지는 먼 거리다. 그래서 요셉은 서둘러서 그 먼 길을 또다시 달려간다.

며칠을 찾아 헤맨 끝에 요셉은 형들을 만난다. 멀리서 바라봤을 때 형들은 양떼에게 풀을 먹이고 있었다. 그 모습을 본 순간 얼마나 반가웠을까! 며칠 동안 광야를 헤매다가 드디어 형들을 찾은 것이다. 요셉은 반가운 마음에 "형님" 하면서 손을 흔들었을 것이다. 그런데 요셉을 대하는 형들의 반응은 보는 사람의 마음을 아프게 한다.

"요셉이 그들에게 가까이 오기 전에 그들이 요셉을 멀리서 보고 죽이기를 꾀하여 서로 이르되 꿈 꾸는 자가 오는도다."*창 37:18-19*

동생은 형들을 보고 소리 지르며 반갑다고 달려온다. 그리고 형들은 양떼를 지키면서 멀리서 달려오는 동생을 바라보고 있다. 오랫동안 떨어져 있던 혈육이 만나는 시간이다. 하지만 형들의 반응은 너무 냉담했다. 냉담한 정도가 아니라 비인간적이었다. "꿈꾸는 놈이 오고 있으니 저 놈을 잡아 죽이자"라고 말하며 절호의 찬스가 왔다고 좋아했다.

이런 형들의 반응은 갑작스럽게 나타난 것이 아니다. 평소 갖고 있던 그들의 생각이 이런 극단적인 행동을 이끌어 냈다. 평소 자신이 생각하고 추구하는 목적이 우리의 운명을 만들어 간다. 우리는 평소 어떤 말을 듣고, 주로 어떤 사람을 만나고 있는가? 우리가 들은 말과 생각, 만나는 사람들이 우리의 운명을 만들어 간다.

형들의 마음속에는 시기가 있었다. 질투와 미움이 있었다. 동생을 편애하는 아버지 때문에 그들의 마음에는 상처가 많았다. 그래서 그들은 만날 때마다 아버지의 편애에 대항해 동생을 미워하는 말을 하고, 그 감정이 앙금으로 남아 있었던 것이다. 형들의 마음속에는 요셉에 대한 시기와 질투가 증폭되어 미움 정도가 아니라 죽이고 싶다는 악한 감정이 깊이 자리 잡았다. 그 결과 그들은 달려오는 요셉을 붙잡았다. 그리고 형들을 만난 기쁨에 달려오는 동생의 옷을 벗겨

구덩이에 던져 버리고 굶어 죽이려고 했다.

형들의 귀에는 동생의 울부짖음이 들리지 않았다. 악한 감정에 휩싸인 그들은 동생을 구덩이에 던져 넣고 그 곁에서 아무 일 없다는 듯이 음식을 먹었다.

그리고 동생을 팔아넘기고 나서 동생의 옷에 숫염소의 피를 묻혀 아버지에게 보인다. "아버지, 오다가 광야에서 옷 하나를 주웠는데 누구 것입니까?"라고 묻기까지 했다. 야곱은 사랑하는 아들이 죽었다는 말에 옷을 찢고 지옥에 들어가는 것 이상의 큰 고통을 겪게 된다. 그런데도 요셉의 형들은 태연했다. 완전 범죄라고 생각하고 미소를 지었을지도 모른다. 그들은 가장 가까운 가족에게 그런 만행을 저질렀다.

인생을 살면서 때로 힘든 이유가 무엇인지 알고 있는가? 절대 그래선 안 되는 사람들이 종종 칼을 들기 때문에 힘든 것이다. 배신의 쓴잔을 마실 때가 있고, 절망의 눈물을 흘릴 때가 있는 것이 바로 인생이다. 가까운 사람들이 우리의 꿈과 비전을 짓밟고 꺾을 때가 있다. 그때 우리는 인생에 대해 절망하게 되고, 삶의 의욕을 잃어버리고 방황하게 된다.

그러나 기억하라. 아무리 가까운 사람이 우리를 짓밟고 비전을 꺾어 버리고 도망갈 곳 없는 구석으로 몰아붙여도 하나님은 그 과정을 통해 우리 속에 있는 꿈과 비전을 성취해 가신다. 그것 때문에 상처를 깊이 간직한 채 한을 곱씹을 필요는 없다. 그렇게 하는 것은 우리 스스로를 패배자로 몰아갈 뿐이다. 이런 가운데서도 우리는 주님을 바라보는 삶을 살아야 한다.

삶을 점검하는 자세

요셉이 죽음의 위기에 처했을 때 큰형 르우벤은 이를 만류한다.

"르우벤이 듣고 요셉을 그들의 손에서 구원하려 하여 이르되 우리가 그의 생명은 해치지 말자 르우벤이 또 그들에게 이르되 피를 흘리지 말라 그를 광야 그 구덩이에 던지고 손을 그에게 대지 말라 하니 이는 그가 요셉을 그들의 손에서 구출하여 그의 아버지에게로 돌려보내려 함이었더라." 창 37:21-22

르우벤 혼자 동생을 구해 보려고 애를 쓴다. 그러나 다른 동생들에게 그의 권위는 먹혀들지 않았다. 권위는 일상적인 생활에서 드러나 검증되어야 하는 것인데, 르우벤에게는 그런 권위가 없었다. 그는 장남으로서 권위 있는 삶을 살지 못했기 때문이다.

우리는 매일 매일의 삶을 점검해야 할 뿐 아니라 작은 일에서도 권위가 나타난다는 사실을 잊지 말아야 한다. 물론 우리는 항상 완벽할 수 없지만 하나님을 추구하고 하나님 앞에 순종하는 믿음의 모습을 보일 때 거기서 권위가 드러난다는 사실을 가슴에 새겨야 한다.

르우벤은 과거 자기 아버지의 침상을 더럽혔던 사람이다. 아버지의 후처와 못된 짓을 했고, 동생들이 이 사실을 다 알고 있었기 때문에 권위가 통하지 않았던 것이다. 다른 형제들은 마음속으로 '형이나 잘해'라고 비웃었을지도 모른다. 그럼에도 불구하고 르우벤은 동생들을 설득하려고 노력했다. 그는 과거에 커다란 잘못을 저질렀지만 자기 아버지를 위해, 동생을 위해 나름대로 고군분투했다. 장자의 명예를 회복하기 위해서 말이다.

시오노 나나미가 쓴 『로마인 이야기』를 보면 재미있는 일화가 나온다. 스파르타 사람들은 전쟁에서 패한 장군을 죽이도록 되어 있었다. 그래서 조국의 명예를 더럽혔다는 오명을 뒤집어쓰고 많은 장군이 죽음을 당했다. 계속해서 장군들이 죽다 보니 스파르타에는 리더가 남아 있지 않았다. 결국 스파르타 사람은 강했지만 그 역사는 오래 존속되지 못했다.

그러나 로마는 달랐다. 로마 사람들이 오랜 기간 그들의 역사를 이어갈 수 있었던 것은 전쟁에서 패한 장군들을 죽이지 않았기 때문이다. 로마인이 전쟁에 패한 장군을 죽이지 않는 데는 두 가지 이유가 있다. 하나는 전쟁에서 패함으로써 그는 이미 죽음보다 더한 수치심으로 고통을 겪고 있다고 생각했기 때문이다. 또 다른 이유는 언젠가 기회가 주어지면 명예회복을 위해 그들은 생명을 걸고 싸울 것이고, 그렇게 되면 로마의 역사에 일조하리라고 생각했기 때문이다.

르우벤은 좋지 않은 과거의 행실을 뉘우치고 나름대로 형제들을 설득했다. 물론 그가 영향력을 드러내거나, 다른 형제들이 그의 설득을 받아들이지 않았지만 말이다. 과거에 하나님에 대해, 세상에 대해 뭔가 잘못 살았다면 우리는 이제라도 하나님을 향해 돌아서는 진정한 삶의 모습을 드러내야 한다. 우리의 명예를 위해 말이다.

또 다른 형제가 한 가지 제안을 했다. 유다였다. 그는 요셉을 애굽으로 팔아 버리자고 말했다. 유다는 자기 동생을 죽이려는 형제들의 음모를 낱낱이 알고 있었기 때문에 또 다른 기회를 주기 위해 팔자고 제안했을지도 모른다. 이는 죄에 대해 단호하지 못한 우유부단함이다. 르우벤과 더불어 그가 "안 된다"고 말했다면 어떻게 되었을까? 역사에는 가정이 통하지 않지만 유다가 "안 돼"라고 말하고 다른 형제들이 설득당해 요셉을 팔지 않았다면 성경에 나오는 요셉의 꿈은 어떻게 되었을까? 우리는 인생을 좀 멀리 바라볼 필요가 있다.

고난 속에서 자라는 비전과 꿈

요셉이 죽었을 거라는 소식에 야곱은 어떤 반응을 보이는가?

"그들이 요셉의 옷을 가져다가 숫염소를 죽여 그 옷을 피에 적시고 그 채색옷을 보내어 그의 아버지에게로 가지고 가서 이르기를 우리가 이것을 발견하였으니 아버지 아들의 옷인가 보소서 하매 아버지가 그것을 알아보고 이르되 내 아들의 옷이라 악한 짐승이 그를 잡아먹었도다 요셉이 분명히 찢겼도다 하고 자기 옷을 찢고 굵은 베로 허리를 묶고 오래도록 그의 아들을 위하여 애통하니 그의 모든 자녀가 위로하되 그가 그 위로를 받지 아니하여 이르되 내가 슬퍼하며 스올로 내려가 아들에게로 가리라 하고 그의 아버지가 그를 위하여 울었더라." 창 37:31-35

이것이 바로 부모의 심정이다. 또한 모든 것을 잃어버린 아버지의 절규다.

이와 마찬가지로 우리는 성경에서 다윗의 삶에도 말로 형용할 수 없는 처절한 상황이 있었다는 것을 기억한다. 다윗에게는 외모가 출중한 압살롬이란 아들이 있었다. 그 시대의 미남들은 검은 머리카락을 둥글게 틀어 높이 쌓은 머리 모양을 했는데, 압살롬이 그랬다. 그는 백성의 마음을 끄는 외모가 출중한 인물이었다.

그런데 압살롬은 백성이 자기를 좋아한다는 사실을 알고 이를 믿은 채 아버지에게 반란을 꾀하는 실수를 범했다. 그는 과거에 자기 형을 죽이고 도망갔다가 아버지가 용서해 줘서 다시 돌아왔다. 그런데도 자기 죄를 깨닫지 못하고 3년 만에 쿠데타를 일으켰다. 압살롬이 궁전을 점령해 버리자 다윗은 너무 놀라 옷도 제대로 입지 못한 채 머리를 풀어헤치고 울면서 맨발로 감람산을 넘어 유다 광야로 도망갔다.

왕위에 오른 압살롬은 자기 아버지 첩들에게 못된 짓을 했다. 그것도 모자라서 부하들을 이끌고 아버지를 죽이려고 했다. 다윗은 사랑하는 아들로 인해 고통의 시간을 보내다가 그 후 하나님의 도우심으로 여유를 찾게 되었다.

요압이 압살롬과 최후의 일전을 벌일 때 다윗의 마음에는 아들에 대한 연민이 일었다. 그래서 부하들이 돌아올 때마다 "우리 군사는 어떻게 됐느냐"라고 묻지 않고 "내 아들은 잘 있느냐"라고 물었다. 나중에 한 병사가 요란한 말발굽 소리를 내며 달려오자 아버지는 애가 탔다. 이번에도 역시 달려오는 병사에게 "내 아들은 어떻게 되었느냐, 압살롬은 어떻게 되었느냐"라고 물었다. 하지만 아버지로서의 마음을 알 리 없는 병사가 들뜬 목소리로 "기뻐하십시오. 요압 장군께서 압살롬을 코너로 몰았는데, 산으로 도망가다 그의 자랑거리였던 머리가 나뭇가지에 걸려 허공에 대롱대롱 매달려 있자 창으로 찔러 죽였습니다. 우리가 반란자를 모두 토벌했습니다"라고 외쳤다.

압살롬의 죽음을 전해들은 다윗은 "내 아들 압살롬아, 차라리 내가 죽고 네가 살았다면 좋았을걸. 내 아들 압살롬아!"라고 통곡했다. 이게 바로 아비 된 자의 마음이다. 죽어 마땅한 자식인데도 아버지의 마음이 이러한데, 지금 야곱의 심정은 어떻겠는가. 더군다나 요셉은 라헬이 낳은 아들이 아니었던가! 특별히 사랑하던 아들이 아니었던가!

그러나 하나님은 세밀한 계획을 갖고 계셨다.

"그 미디안 사람들은 그를 애굽에서 바로의 신하 친위대장 보디발에게 팔았더라."장 37:36

아버지가 절규하고 있는 사이 요셉은 죽음의 위기를 몇 번이나 넘기게 된다. 그 먼 거리를 사슬에 묶여 애굽까지 짐승처럼 끌려왔다. 그리고 노예 시장에서 친위대장 보디발에게 팔렸다. 이때까지만 해도 그의 꿈은 짓밟힌 듯이 보였다. 그의 비전은 철저하게 무너지고, 인생이 끝난 것처럼 보였다. 하지만 그것으로 요셉의 인생은 끝나지 않았다. 그의 비전과 꿈은 일순간 짓밟히고 뭉개지지만 그를 향한 하나님의 비전과 꿈은 여전히 아름답게 자라나고 있었다. 고난이 그의 꿈과 비전을 온전히 짓밟지는 못했다. 이 과정이 없었다면 그는 하나님의 사람이 될 수 없었고 결코 비전의 사람으로 자리 매김하지 못했을 것이다.

내가 아니면 할 수 없는 일이 반드시 있다

당신은 지금 그 일을 하기 위해 살아 있는 것이다. 그러므로 자신을 존귀하게 여기고
자신을 학대하지 말라. 스스로를 하찮게 여기는 것은 하나님의 뜻이 아니다.

하나님의 꿈을 성취하기 위해, 하나님의 비전이 성취되기 위해 우리는 자신의 꿈을 소중하고 존귀하게 여겨야 한다.

마크 트웨인Mark Twain은 "당신의 꿈을 소홀하게 여기는 사람하고는 상종도 하지 말라. 소인배들은 그렇게 한다. 그러나 진정 큰 사람은 당신의 꿈을 소중하게 생각한다"라고 말했다.

비전을 심어 주는 사람

우리는 비전을 심어 주는 사람이 되어야 한다. 할 수 있다는 비전과 가능하다는 비전을 가져야 하고, 아이들이 장래의 꿈을 말하면

그 꿈을 이루도록 도와줘야 한다. 그들의 꿈을 포용할 수 있어야 한다. "아빠! 아빠, 나 의사가 될 거야"라고 말하는 아이에게 "너는 슈바이처처럼 좋은 의사가 될 수 있을 거야"라고 말하며 용기를 불어넣어 주어야 한다. 그 말을 믿어 주어야 한다. "이 자식, 이번 시험에 몇 점이나 나왔어?"라고 꾸중하듯 대답하면 안 된다.

사람은 꿈을 먹고 산다. "엄마! 나 미스코리아 나갈 거야"라고 말하는 딸아이에게 "네 키가 몇인데, 일찌감치 꿈 깨라!"라고 말할 필요가 있는가? 누구에게나 꿈은 소중하다. 그러므로 자신의 꿈을 존귀하게 여기고, 소중하게 생각해야 한다. 이 말은 우리 자신을 존귀하게 여기고, 자신을 학대하지 말라는 뜻도 된다. 스스로를 하찮게 여기는 것은 하나님의 뜻이 아니다.

겸손과 열등감은 분명히 다르다. 겸손이란 자신을 존귀하게 여기면서 그런 마음으로 상대방 또한 존귀하게 여기는 마음이다. "나는 쓸모없어. 나는 아무것도 아니야. 난 별 볼일 없어"라고 떠들고 다니는 사람일수록 말은 겸손하지만 사람들을 은근히 깔보는 경향이 있다. 이런 사람은 마음속으로 '나보다 잘났어? 내보내야지' '나보다 못해? 밟아야지'라고 생각한다. 자기를 존귀하게 여기는 사람만이 남을 존귀하게 여긴다. 자신의 꿈을 소중히 여기라. 당신은 세상 무엇보다 소중한 존재이므로 자신을 다른 것으로 변장하지 말라.

『오체 불만족』의 저자 오토다케 히로타다는 태어날 때부터 장애인이다. 두 다리가 엉덩이뼈 밑에서 끊어졌는데, 뱃속에서부터 아예 자라질 않았다고 한다. 그리고 두 팔은 어깨에서 10센티미터 정도밖에 자라지 않았다. 머리와 몸통만 있는 것이다. 이런 모습으로 태어난 그가 "신체는 불만족, 그러나 인생은 대만족"이라는 말을 했다. 그는 어린 나이에 자기 인생에 대해 새롭게 성찰하는 고백을 했다. 그리고 그 후로 그의 인생은 완전히 바뀌었다.

그는 "내가 아니면 할 수 없는 일이 반드시 있다. 내가 할 수 있는, 내가 반드시 해야 되는 그 일을 하자"라는 말로 많은 사람에게 희망을 주었다. 그는 몸통을 굴려 축구를 하는데, 그 모습은 엉성하지만 실력은 좋았다. 농구를 하면 머리로 받아 슛을 했다.

우리는 무한한 가능성을 가진 사람이므로 자신을 소중히 여겨야 한다. 우리는 귀한 하나님의 사람이다. 하나님은 이런 우리를 위해 예수님을 보내셨고 그분은 우리를 위해 십자가에서 죽으셨다. 그런데 뭐가 부족하단 말인가! 여기서 우리는 "꿈을 이루기 위해서는 대가 지불이 필연적이다"라는 사실을 다시 한 번 다짐해야 한다. 또한 반드시 대가 지불을 결단해야 한다. 꿈이 클수록 대가 지불이 많을 수밖에 없다. 예수님도 우리를 그냥 구원하지 않으셨다. 우리가 소중한 만큼 소중한 대가를 지불하셨다. 유대인들이 그분을 십자가로 내몰았지만, 십자가에 끌려가시면서도 고난의 잔을 마시면서도 그분은 분노하지 않으셨다. 오히려 예수님은 "저들은 자기가 하는 일을 알지 못하나이다. 저들을 용서해 주십시오"라고 고백했다.

스스로를 소중히 여기는 사람

내가 이룬 어떤 일 때문에 자신이 존귀한 것이 아니다. 우리는 하나님의 가치로 부름받았기에 존귀하다. 예수님은 죽음의 순간에 "다 이루었다"라고 말씀하셨다. 절규가 아닌 환희에 찬 말씀이었다. 이는 대가를 지불했다는 뜻으로, 그분은 우리 죄를 사하기 위해 대가를 지불하셨던 것이다. 그분이 행한 사랑의 대상은 다름 아닌 바로 '나' 다. 다른 사람들이 우리를 우습게 본다 해도 주님은 절대로 그렇게 생각하지 않으신다.

그러므로 자신을 주님의 생명 이상으로 평가하라. 이것이 우리의 비전이다. 이런 사람들이 모이는 곳이 바로 교회다. 교회는 세상의 가치관으로 모이는 곳이 아니고, 세상적인 잣대로 평가하는 곳도 아니다. 주님의 가치관으로 주님이 지불한 대가에 얼마큼 감사하고 감격하고, 그 꿈과 비전 앞에 자신을 철저하게 순종하도록 만드는가 하는 것이 그 사람의 가치관이 된다. 이런 곳이 바로 교회다.

우리는 지금 어떤 삶을 살고 있는가? 인생에 대해 곱씹고 분노하고 절망하고 있는가? 기회가 주어지지 않는다고 누군가를 원망하며 절망에 찬 삶을 살고 있는가? 우리를 배신한 사람들에 대해 원망하고 미워하는 마음을 품고 있는 건 아닌가? 그렇다면 좋은 결과를 얻을 수 없다. 우리 마음만 괴롭고 사는 것이 더 비참해질 뿐이다.

이제부터 창조적으로 자신의 삶을 보듬어 안으라. 고통을 창조적으로 수용하라. 새로운 기회로, 주님을 향한 믿음으로 자신의 삶을 점검하라. 비전을 가진 사람은 과정을 선용한다. 비록 우리 세대에 하나님의 영광을 보지 못한다 해도 우리를 향한 하나님의 사랑 안에서 다음 세대에는 그 영광을 보게 될 것이다. 이것이 바로 믿음이다.

우리가 감사하는 삶을 산다면 우리 자녀도 이를 본받을 것이다. "우리 부모님은 가진 것 없고 배운 것도 없었지만, 일생 동안 힘든 처지를 비관하지 않고 주님께 감사하는 삶을 살았다. 도대체 어떻게 이런 일이 가능했을까?"라는 고백이 자연스럽게 나올 것이다.

우리는 결코 자신의 인생만 사는 것이 아니다. 우리에게는 다음 세대가 있고, 또 그 다음 세대가 있다. 한 사람 때문에 가족이 살고, 한 사람 때문에 민족이 산다. 요셉 때문에 그의 가족이 살고, 이스라엘 민족이 살고, 주변의 다른 국가도 살 수 있었다. 이 모든 것은 하나님께서 요셉을 통해 그의 위대한 꿈을 이루셨기 때문에 가능한 일이었다. 비록 구원을 얻을 만한 자격을 갖추지 못했지만, 하나님은 나를 가장 존귀하게 여기신다는 것을 추호도 의심하지 말라. 항상 우리 자신이 정말 존귀한 존재라는 사실을 기억하라.

2_ **형통,** 온전한 동행

주님이 안 계시면 안 되는 현실, 주님이 돕지 않으시면 안 되는 현실,
주 없이 자신이 존재할 수 없는 그 현실을 인정하는 현장이
바로 형통의 현장이다.

이것은 꿈을 향한 대가 지불이다

똑같은 고난을 당하고 어려운 상황에 처해 있다 하더라도 그 속에서 우리가 어떻게 반응하느냐에 따라 그 결과는 판이하게 달라진다. 기억하라. 우리는 꿈의 사람이다.

『희망은 또 다른 희망을 낳는다』라는 책이 있는데, 이 책을 쓴 사람은 서진규라는 여성이다. 경남의 어느 어촌 마을에서 태어난 그녀는 집안이 너무 가난해서 공부를 하고 싶어도 할 수가 없었다. 배움에 대한 열망이 가득하던 그녀는 어느 날 무작정 가출을 감행했다. 그리고는 서울로 올라가서 닥치는 대로 일하면서 공부했다. 가발공장을 다니다가 미국으로 건너간 그녀는 미국의 어느 교포 가정에서 가정부로 일하기도 했다. 그리고 시간이 지나 그때를 되돌아보면서 참 어려운 삶이었다고 고백한다.

그 후 한 남자를 만나 결혼했지만 딸 하나를 낳고 이혼하고 말았다. 이혼하고 나서 그녀가 선택한 것은 미 육군 입대였다. 그곳에서 그녀는 최선을 다해 복무하면서 간부 후보 임용 시험을 통과해 육군

소위로 임관하는 등 승승장구했다. 그리고 마음속에 담아 두었던 자신의 꿈을 이루기 위해 또다시 공부에 도전했다. 그 결과 14년 동안 다섯 군데 대학을 다니면서 학사 학위와 석사 학위를 취득했다. 나중에는 하버드 대학교에서 외교통상에 관한 연구로 박사 학위를 받았으며, 육군소령으로 예편했다.

대부분의 매체에서는 '가발공장 공원工員이었던 그녀가 어떻게 하버드 대학교에서 박사 학위를 받았을까' 라는 성공 과정에 초점을 맞추었다. 그런데 그녀의 삶을 들여다보면 이 땅의 젊은이가 배워야 할 소중한 인생의 비전이 소개되고 있다.

첫째, 자기 자신을 존귀하게 여겼다. 비록 힘든 조건이고 열악한 환경이지만 그녀는 자신이 존귀한 사람이라는 사실을 잊지 않았다.

둘째, 항상 긍정적으로 생각했다. 앞에서도 잠깐 살펴봤지만, 그녀는 어린 시절 절망적인 환경에서 자랐다. 하지만 "이것은 성공을 향한 디딤돌이다"라는 긍정적인 마음을 가지고 바라봤을 때 새로운 지평이 열렸다. 컵에 물이 반 잔 있으면 반밖에 안 남았다고 말하는 사람이 아니라 그녀는 아직도 반이나 남아 있다는 것에 초점을 맞추고 생각을 긍정적으로 바꾸는 사람이었다. "매사를 긍정적으로 생각하자" "위기를 기회로 보자"라는 그녀의 생각은 결국 자기 인생을 바꾸는 가장 큰 원동력이 되었다.

꿈을 가진 사람은 그 꿈 때문에 치러야 할 대가 지불을 항상 인정하며 산다. 대가 지불을 당연한 것으로 생각한다. 하나님이 주시는 진정한 꿈의 사람과 망상에 가득 찬 사람의 차이가 무엇이라고 생각하는가? 하나님이 주시는 꿈을 가진 사람도 때때로 고난과 역경을 당하지만 그들은 이 시련을 '꿈을 향한 대가 지불이야'라고 생각하고 당연한 것으로 받아들인다. 오히려 고난을 기회로 생각한다. 하지만 망상에 빠진 사람은 대가를 지불할 생각을 하지 않고 2, 3일 참아 보다가 그냥 포기해 버리고 만다.

여기서 꼭 기억할 것이 있다. 하나님의 위대한 꿈은 그 꿈을 이루기까지 대가 지불을 감당하게 한다. 그야말로 바닥을 기는 고통 속에서도 우리는 하나님의 위대한 꿈을 가진 사람이기 때문에 고난과 역경을 참아내고, 힘든 상황에서도 하나님의 계획과 비전을 바라보는 삶을 살아가야 한다.

하나님의 꿈을 가진 사람은 그 꿈을 숨길 수가 없다. 그 꿈을 항상 입으로 고백하고, 자신의 삶을 통해 이 사실을 증거한다. 힘들고 어렵긴 해도 자신의 입술을 통해 하나님의 꿈이 어떤 것이라는 것을 항상 고백한다. 그 꿈을 고백할 뿐 아니라 그 꿈을 이루기 위해 끈기 있게 자신의 삶을 철저하게 굴복시키는 삶을 감당한다. 요셉이 바로 이런 사람이었다.

그는 하나님의 위대한 꿈 때문에 형들에게 미움을 받고, 죽음의 위협을 당한다. 급기야는 애굽에 종으로 팔려 가지만, 그의 마음속에는 하나님의 위대한 꿈이 무럭무럭 자라고 있었다. 이 같은 위기 속에서도 "내가 가진 위대한 하나님의 꿈 때문에 대가를 지불하는 것은 당연하다"라는 분명한 믿음을 가졌다. 힘든 환경과 고난 속에서도 그는 하나님의 말씀을 붙들고 그분의 신실한 약속을 붙들었다. 주께 더욱 무릎 꿇는 삶을 감당해 나간 것이다.

그렇다면 우리는 어떤가? 지치고 힘들고 낙망할 때 어떻게 처신하는가? '그래, 이것은 내가 하나님의 위대한 꿈을 품었기 때문에 지불할 당연한 대가야'라고 생각하는가, 아니면 자신의 운명을 저주하고 한탄하는가? 똑같은 고난을 당하고 어려운 상황에 처해 있다 하더라도 그 속에서 우리가 어떻게 반응하느냐에 따라 그 결과는 판이하게 달라진다. 기억하라. 우리는 꿈의 사람이다.

고통, 관점의 차이다

우리는 때때로 인간의 관점으로 세상을 보기도 하는데, 중요한 것은 어려울수록 하나님의 관점으로 우리의 인생을 봐야 한다는 사실이다.

애굽의 노예시장으로 팔려간 요셉은 어떻게 되었는가?

"요셉이 이끌려 애굽에 내려가매 바로의 신하 친위대장 애굽 사람 보디발이 그를 그리로 데려간 이스마엘 사람의 손에서 요셉을 사니라." 창 39:1

요셉의 운명은 하루아침에 바뀌었다. 아버지 야곱의 가장 존귀한 아들이었던 그의 인생이 갑자기 깊은 벼랑으로 떨어져 버렸다. 인간 이하의 취급을 받게 되었다. 아버지의 사랑의 표식이었던 채색옷은 형들에게 찢겼고, 그는 구덩이에 내던져졌다. 형들은 처음에 그를 죽이려고 하다가 종으로 팔아 버렸다. 그는 옷도 제대로 입지 못한 채 뜨거운 태양이 내리쬐는 광야로 끌려 갔다가 애굽까지 오게 되었다. 인간 이하의 대우를 받으면서 여기까지 오게 된 것이다. 그리고 젊은 나이에 용모가 출중해서 꽤 비싼 값에 노예시장에서 팔렸다. 애굽 바로왕의 친위대장인 보디발에게 팔려 그의 노예가 되어 인간 이하의 삶을 살기 시작했다.

로마의 역사가였던 호라티우스는 "짐승과 노예가 다 같은데 한 가지 다른 점이 있다면 노예는 말을 한다는 것뿐이다"라고 말했다. 그만큼 노예는 인간 이하의 취급을 당했다. 짐승과도 같았다. 이런 고통을 꿈의 사람 요셉이 당하게 된 것이다.

성경을 보면 "한 사람을 앞서 보내셨음이여 요셉이 종으로 팔렸도다"시 105:17라는 말씀이 나온다. 한 사람을 앞서 보낸다는 것은 요셉이 지금 보냄을 받았다는 뜻이다. 하나님의 분명한 목적과 계획이 있어 보냄을 받았지만 요셉에게 현실은 하나님이 보낸 현장 같지 않았다. 요셉이 처한 현실은 처절한 배신과 절망이었다. 그러나 하나님은 그분의 계획에 따라 요셉을 미리 보내셨다.

여기서 우리는 자신이 어떤 관점으로 인생을 보는지 생각해 보아야 한다. 우리는 때때로 인간의 관점으로 세상을 보기도 하는데, 중요한 것은 어려울수록 하나님의 관점으로 우리의 인생을 봐야 한다는 사실이다. 요셉의 관점에서 보면 현실은 절망과 배신의 현장이고 처절한 고통의 현장이었다. 그러나 하나님의 관점에서 보면 그분이 계획한 현장이었다. 즉 하나님이 요셉을 보내신 약속된 현장이었다.

우리는 자신의 인생을 어떻게 인식하고 있는가? 현실의 고통에 어떻게 반응하고 있는가? 우리는 무엇보다 먼저 신앙적인 반응을 해야 한다. 요셉의 입장에서 보면 그는 억압받고 버림받은 상황이고 인간 이하의 존재로 비하된 처지였다. 그러나 그에게는 하나님의 관점으로 오늘을 해석하는 은혜가 있었다. 처음에는 요셉도 '하나님은 왜 나를 이곳까지 낮추셨을까, 왜 내 운명을 바꾸셨을까'라고 생각했다. 이런 와중에 그는 그 해답이 하나님의 분명한 섭리와 계획 때문이라는 사실을 깨달았다. 믿음의 사람은 처음에 크게 절망하고 좌절하지만 하나님의 관점에서 인생을 재해석하기 시작한다.

어떤 일을 하다가 실패했을 때 그것은 팔자 때문도 아니고 숙명 때문도 아니다. 똑같은 실패와 고통을 겪어도 믿음의 사람은 시간이 지나면서 그것을 새롭게 해석하는 믿음을 갖는다. 그들은 "고난당한 것은 내게 유익이었다"라고 고백한다. 지금 우리는 자신의 인생을 어떻게 느끼고 있는가? 우리에게도 고난이 유익이었는가?

다른 사람들의 눈에는 지금 서 있는 그 자리가 고난과 눈물의 자리이자 실패의 자리일 수 있다. 버림받고 배신당한 현장일 수도 있다. 하지만 하나님의 꿈을 품은 사람에게 그 자리는 그분의 계획된 자리이자 그분의 섭리가 이끈 자리다.

"여호와께서 요셉과 함께하시므로 그가 형통한 자가 되어 그의 주인 애굽 사람의 집에 있으니." 창 39:2

여기서 우리는 '형통한 자'라는 구절을 볼 수 있다. 지금 요셉은 어떤 상황에 놓여 있는가? 노예 신분으로 보디발 집에서 상상도 못할 고난에 처해 있다. 그런데 그 생활을 일컬어 성경은 "형통한 자가 되었다"라고 말한다. '형통하다'는 모든 일이 술술 잘 풀릴 때 사용하는 단어다.

예를 들어 어렵게 목돈을 마련해 주식에 투자했다고 하자. 그런데 다른 종목은 다 폭락하는데, 내가 투자한 종목은 매일 상한가를 치고 있다. 이것이 바로 형통이다. 부모님이 돌아가시면서 시골 촌구석에 있는 쓸모없는 땅을 남겨 주셨는데, 갑자기 신도시가 들어선다는 발표가 난다. 이것이 바로 형통이다. 생각지도 않았는데 일이 잘 풀려 나가고 기대 이상의 목표를 이루었을 때 우리는 이것을 형통이라고 말한다.

그런데 요셉은 어떤가? 형들에게 버림받았고 죽음의 위협을 겪었고 종으로 팔렸다. 노예로 인간 이하의 삶을 살고 있었다. 이것이 형통인가?

하나님이 함께하는 사람이
복 있는 사람이다

하나님이 함께하는 사람은 복된 사람이다.
'하나님께 더 가까이 가는 자' '하나님으로 더 충만한 사람' 이야말로 형통한 사람이다.

    성경은 요셉을 '형통한 자'라고 부른다. 세상이 평가하는 형통과 하나님이 평가하는 형통은 그 기준이 다르다. 성경은 하나님과 관계된 것을 복, 즉 형통이라고 부른다. 시편 1편에 나오는 '복 있는 사람'이란 무엇을 누리고 있기 때문이 아니라 하나님이 함께하고 있으므로 복 있다고 말한다. 이처럼 하나님은 복의 원천이시다. 히브리어로 복은 '아셰르'인데 이는 '여호와께서 너와 함께하신다'라는 뜻이다.

    반대로 하나님이 함께하지 않는 사람은 아무리 세상적인 관점에서 형통하고 잘나간다 하더라도 복 있는 삶이라고 말할 수 없다. 그 끝이 멸망이기 때문이다. 아무리 지금 가진 재산이 많아 부유하고 지위가 높아도 그것 때문에 하나님을 거부한다면 그 사람은 저주받은 사람이다. 그 끝이 심판이기 때문이다. 반대로 하나님이 함께하는 사람은 복된 사람이다. '하나님께 더 가까이 가는 사람' '하나님으로 더 충만한 사람' 이야말로 형통한 사람이다.

"간수장은 그의 손에 맡긴 것을 무엇이든지 살펴보지 아니하였으니 이는 여호와께서 요셉과 함께하심이라 여호와께서 그를 범사에 형통하게 하셨더라." 창 39:23

여호와께서 요셉과 '함께했다'는 말과 '형통하게 하신다'라는 말씀이 나온다. 세상적인 눈으로 봤을 때 요셉은 지금 억울하게 누명을 쓰고 감옥에 갇혀 있다. 갈수록 상황이 악화되어 가고 있다. 하지만 그는 자신의 상황이 어두워질수록 하나님 앞에 더 가까이 다가선다. 그리고 "주님 없이는 나는 못 삽니다. 주님이 없으면 내 인생은 아무것도 아닙니다. 나는 헛됩니다"라고 고백한다. 이처럼 하나님께 더 가까이 다가서는 것 자체가 형통이다.

아버지 야곱의 일생에서 형통했을 때는 언제인가? 밧단아람에서 외삼촌의 모든 양떼를 자신의 소유로 만들었을 때인가? 아니었다. 그는 루스 광야에서 돌베개를 베고 초라하게 쫓기는 도망자의 삶을 살 때 형통했다. 모든 걸 잃어버리고 고독했지만 하나님이 천국의 계단을 내려놓고 그에게 찾아오셨다. 얍복 강에서 자신의 소유를 전부 앞서 보내고 혼자 고독하게 남았다. 주밖에는 그를 도울 자가 없었다. 그때 그는 형통했다. 주께서 그에게 찾아오셨기 때문이다.

주님이 안 계시면 안 되는 현실, 주님이 돕지 않으시면 안 되는 현실, 주 없이 자신이 존재할 수 없는 그 현실을 인정하는 현장이 바로 형통의 현장이다. 어떤 환경보다 어떤 조건보다 어떤 기회보다 중요한 것이 바로 하나님이 우리와 함께하시는가 하는 점이다. 우리가 하나님을 얼마나 간절히 필요로 하는가 하는 것이 가장 중요하다.

형통에 관해 착각하지 말라

살면서 고독이 밀려오거나 어려움이 닥치면 우리는 주께 가까이 다가가야 한다.
그때 우리는 형통한 사람이 된다. 언제든지 "주 없이는 안 됩니다.
주밖에는 나의 복이 없습니다"라고 고백하는 삶이 되어야 한다.

우리는 세상을 살아가면서 많은 두려움을 느낀다. 사업 실패에 대한 두려움이 있을 수도 있고, 세상 살아가면서 겪어야 하는 고난과 역경에 대한 두려움을 느낄 수도 있다. 하지만 인생에서 우리가 진정으로 두려워해야 할 것은 그런 일이 아니다. 바로 요셉처럼 제대로 살기 위해 두려워해야 한다. 하나님 앞에 어떻게 제대로 살 것인가? 세상 앞에 어떻게 제대로 살 것인가? 이것이 바로 우리가 매일매일 가져야 할 두려움이다.

요셉은 하나님을 추구하는 삶을 살았다. 하나님의 목전에서 그의 삶을 꾸려 갔다. 요셉의 삶에서 빠뜨릴 수 없는 놀라운 단어는 바로 '형통'이다. 형통은 말 그대로 '모든 일이 매사에 잘 풀린다'라는 의미다. 그런데 이 단어가 요셉에게 쓰일 때는 대부분 고통당할 때였다.

부유하고 건강하고 모든 일이 술술 잘 풀릴 때 하나님을 향한 갈망을 가질 수 있는가? 하나님에 대한 목마름을 가질 수 있는가? 모든 것이 뜻대로 되고 마음먹은 대로 이루질 때, 우리는 하나님에 대한 목마름을 갖기 어렵다.

힘들고 지치면 "나는 주님 없이는 안 돼" "주님 없이는 못 살아" "주 없이는 나는 아무것도 아니야"라는 고백을 할 수밖에 없다. 하지만 부유해지고 강건해지면 "주님이 안 도와주신다고 어떻게 되겠어? 혼자 힘으로도 잘살 수 있을 거야"라고 자만에 찬 목소리로 말한다. 이게 바로 인간의 속성이다. 그래서 형통함의 축복을 온전히 누리지 못하는 약함이 우리에게 있다.

하나님 앞에 무릎 꿇는 삶

부유할 때 요셉에게는 환경만 보였다. 즉 아버지만 보였다. 그런데 그의 삶이 어두워지면서 주님을 보기 시작하고 하나님을 인식하게 됐다. 하나님 앞에 무릎을 꿇기 시작했다. 하나님과 함께하는 것이 얼마나 중요한가를 깨닫기 시작했다. 형통한 사람이 된 것이다.

욥의 고통이 왜 큰 의미를 지니는지 알고 있는가? 모든 고난과 환난을 통해 욥은 어떤 유익을 얻었는가? 그는 "고난당하기 전에는 내가 주께 대하여 귀로만 들었는데 이제는 눈으로 주를 뵈옵나이다"라고 고백한다. 이 얼마나 형통한 일인가! 주 없이 더는 아무것도 할 수 없게 된 것이다.

욥에게 주어진 진정한 복은 무엇인가? 갑절의 소유인가? 아니다. 더 중요한 것은 "하나님 없이는 안 된다"는 깨달음이었다. 그는 삶이 어두울수록 하나님의 임재 앞에 더욱 다가서기 시작했다. 추울수록 불꽃 앞에 다가서는 것처럼 하나님을 깊이 경험하기 시작했다. 날씨가 추울 때 시장이나 공사장 옆을 지나가다 보면 큰 드럼통을 가운데 놓고 불을 피우고, 그 주위로 사람들이 모여들어 서로 가까이 다가서는 모습을 볼 수 있다. 이런 장면은 날씨가 따뜻할 때는 찾아보기 어렵다.

마찬가지로 살면서 고독이 밀려오거나 어려움이 닥치면 우리는 주께 가까이 다가가야 한다. 그때 우리는 형통한 사람이 된다. 언제든지 "주 없이는 안 됩니다. 주밖에는 나의 복이 없습니다"라고 고백하는 삶이 되어야 한다.

"그의 주인이 여호와께서 그와 함께하심을 보며 또 여호와께서 그의 범사에 형통하게 하심을 보았더라."창 39:3

성경에서 말하는 형통의 정의는 무엇인가? 그것은 하나님을 체험하는 것을 말한다. "하나님 없이는 살 수 없습니다"라고 고백한 후 그분께 더 가까이 다가서는 삶을 사는 것을 형통이라고 한다. 세상적인 형통과 상당한 거리감이 있다.

비록 환경은 어둡고 힘들지만 요셉의 마음속에는 하나님을 향한 소망이 있었다. 우리는 주님 없이는 아무것도 할 수 없다. 주님의 도우심을 의지하고 그 앞에 무릎 꿇는 삶, 이것만큼 중요한 것은 없다.

요셉은 그런 면에서 형통한 사람이다. 그는 억울한 누명을 쓰고 애굽의 감옥에 들어가서 고통을 겪었다. 한동안 사슬에 묶인 채로 억압을 받아야만 했다. 하지만 그는 감옥에서도 신실함을 잃지 않아 감옥을 지키는 간수장에게 은혜를 입게 된다. 간수장이 유심히 살펴보니 요셉은 참 성실한 사람이었다. 그래서 그에게 자신의 일을 위탁한다. 자신이 편하려고 위탁한 것이지만, 간수장이 요셉을 신임했다는 것을 알 수 있다.

바로 그때 요셉이 갇혀 있던 감옥에 두 명의 죄수가 들어온다. 그들은 왕의 측근으로, 이 감옥은 정치범을 수용하는 곳이었다. 한 사람은 바로의 술을 관리하는 관원이고, 또 한 사람은 바로가 먹는 음식을 관리하는 관원이었다. 지금 애굽의 궁전에 뭔가 심상치 않은 일, 즉 쿠데타가 일어날 기미가 보였다.

그 당시 애굽은 힉소스 왕조가 통치하고 있었는데, 역사적으로 제16대 왕조인 힉소스 왕조는 좀 독특했다. 애굽 사람이 통치하는 왕조가 아니라 지금의 터키 내륙 지방에 있던 셈족이 애굽으로 내려와 정복하고 통치하던 시대가 바로 힉소스 왕조였다. 원래 셈족은 아브라함과 같은 족속이었다. 그때까지 애굽은 기마 병력이 없어서 낙타를 이끌고 나가 적들과 싸웠다. 그런데 셈족은 기마병을 이끌고 순식간에 애굽 땅을 정복해 버렸다. 그 땅 전체를 장악하고 자신들이 통치했다. 요셉은 이방 나라 사람들이 그 땅을 정복하고 통치하던 때 애굽에 팔려가서 노예가 되었다. 이를 통해 우리는 하나님이 정확하게 우리의 역사를 준비하고 계시다는 사실을 발견할 수 있다.

고난 속에서도 최선을 다하는 삶

요셉은 노예 생활일망정 최선을 다했다. 하나님이 함께하시는 곳이 바로 하나님 나라이기 때문이다. 초막도 거친 광야도 하나님이 함께하시면 그곳이 바로 하나님 나라다. 하나님이 임재하시는 곳이 바로 하나님 나라다. 요셉은 노예 생활을 하고 있지만 그 자리에 하나님이 함께하시므로 주님을 위하듯 일했다.

사도 바울 역시 "종들아 모든 일에 육신의 상전들에게 순종하되 사람을 기쁘게 하는 자와 같이 눈가림만 하지 말고 오직 주를 두려워하여 성실한 마음으로 하라 무슨 일을 하든지 마음을 다하여 주께 하듯 하고 사람에게 하듯 하지 말라"골 3:22-23고 권면한다. 초대교회 시대에는 대부분의 크리스천이 노예 출신으로 실제로 노예 생활을 하고 있었다. 하지만 사도 바울은 단 한 번도 그들에게 "노예 생활에서 벗어나기 위해 봉기하라"고 말하지 않았다. 바울은 오히려 노예 생활을 할 때 주님께 하듯 그 일을 감당하면 그것은 주님의 일이 된다고 권면했다.

꿈을 가진 사람에게는 아무리 비천한 일이라도 그것은 주님의 일이 된다. 꿈을 가지고 하나님의 은혜 안에서 삶을 사는 것은 다 하나님의 일이 될 수 있다. 가정 생활도 직장 생활도 공동체를 위한 헌신적인 생활도 하나님의 일이 될 수 있다. '하나님이 나와 함께하신다. 내가 그 주님을 위해 일한다' 라는 생각만 가진다면 우리는 지금 하나님의 동역자가 되었다고 말할 수 있다.

미국 인권운동의 대명사인 마틴 루터 킹 목사가 흑인들에게 이런 연설을 했다.

"우리가 평등과 자유를 요구하려면 먼저 그 평등과 자유를 요구할 만한 삶을 살아야 합니다. 만약 청소부로서 어느 거리를 청소하고 있다면 마치 미켈란젤로가 조각을 하듯, 셰익스피어가 시를 쓰듯, 베토벤이 작곡을 하듯 그 도로를 쓸어야 합니다. 그래서 하늘에 있는 천사뿐 아니라 그 지역에 사는 모든 사람이 이곳을 하나님을 믿는 어느 흑인 청소부가 청소하고 지나간 자리라는 것을 인식할 수 있도록 그렇게 일하십시오."

청소하는 일도 하나님이 주신 일이기 때문이다. 그 일을 열심히 할 때 자유도 주어지고 평등도 주어지는 것이다.

작은 것이 큰 것을 만든다

하나님의 사람은 작은 것을 크게 볼 수 있는 지혜를 가졌으며,
일이 주어지는 것을 두려워하지 않고 열정적으로 임한다.

맥스웰 몰츠Maxwell Maltz의 『성공의 법칙』에 보면 세상에서 성공한 사람들의 삶의 지혜를 알 수 있다. 이 책에서는 기업가·정치가 등 자신이 속한 영역에서 성공한 여러 가지 이유를 조사했는데, 뭔가 특별하고 큰 능력이 있어서가 아니라 실제로 성공을 이루게 된 가장 큰 원천은 작은 일도 소홀히 여기지 않고 사소한 일도 즉시 실천하는 습관을 가졌기 때문이었다.

작은 일에도 최선을 다하는 삶

작은 것을 소홀히 여기지 않는 습관이 유명한 기업가들이 성공할

수 있었던 가장 큰 요인이다. 고객에게 전화를 거는 사람의 목소리라든가, 고객 전화를 받는 직원의 목소리, 영업장을 방문하는 손님을 가장 먼저 맞이하는 점원의 태도처럼 작은 것들이 매출을 증가시킨다는 것을 알았다. 작은 것을 소홀히 대하면 큰 것도 잃어버리게 된다. 그러므로 우리는 작은 것에 최선을 다해야 한다. 자신에게 주어진 일을 주님이 주신 천직처럼 생각할 필요가 있다.

대부분의 사람들은 자신에게 주어진 일을 천직으로 생각하지 않는다. 자신은 원래 이런 일을 할 사람이 아닌데 팔자가 사나워서 이 일을 하고 있다고 생각한다. 이 얼마나 안타까운 일인가! 하나님의 사람은 지금 초라한 환경에 처해 있을지라도 하나님이 함께하시는 현장이라는 생각을 갖고 하나님의 일을 하는 마음으로 헌신할 필요가 있다.

우리는 지금 어떻게 삶을 꾸려 가고 있는가? '이건 내 인생이 아니야. 난 이보다 더 높은 자리에 있어야 돼' 라고 생각하며 스스로를 초라하다고 여기고 있지 않은가? 기억하라. 하나님은 우리가 그 이상이 되기를 원하지 않으신다. 주님이 원래 허락하신 그대로의 모습이길 원하신다. 그리고 최선을 다하는 삶을 살기를 원하신다. 열악한 환경과 힘든 상황에 봉착해 있더라도 우리는 그 삶을 보듬고 그 삶에 대해 감사해하며 주님 앞에 무릎을 꿇어야 한다. 거기서부터 역사가 나타난다. 그러므로 목적과 기본에 충실하는 삶을 살아야 한다.

"요셉이 그의 주인에게 은혜를 입어 섬기매 그가 요셉을 가정 총무로 삼고 자기의 소유를 다 그의 손에 위탁하니." 창 39:4

요셉은 보디발 집의 가정 총무가 되었다. 이는 그의 헌신과 열정이 검증되었기 때문이다. 형통한 사람, 하나님이 함께하시는 사람에게는 더 많은 사역이 주어진다. 그래서 그들은 항상 바쁘다. 가정에서도 바쁘고 직장에서도 바쁘고 교회에서도 바쁘다. 그런데 그 일들을 잘해 낸다. 그들에게는 시간을 잘 활용하는 지혜가 있기 때문이다.

인생은 한계가 있으므로 '그 시간을 어떻게 선용할 것인가'를 고민해 봐야 한다. 하루 24시간을 어떻게 선용할 것인가 하는 것이 성공과 실패를 가늠한다. 그러므로 우리는 시간을 그냥 흘려보내지 말아야 한다.

그러나 대부분의 사람들이 시간을 그저 흘려보내고 있다. 심지어 직장에서조차 시간을 그냥 흘려보낸다. "거꾸로 매달아도 국방부 시계는 돌아간다"라는 말이 있다. 아무리 일하고 보수를 받는 직장이라고 해도 우리는 주어진 일만 해서는 안 된다. 직장은 바로 우리가 일해야 될 소명의 현장이다. 그러므로 시간 가기만을 기다리지 말고 최선을 다해야 한다. 하나님은 작은 일에 충성한 사람에게 더 많은 기회를 주신다.

열정적인 하나님의 사람

우리는 가정에서도 최선을 다해야 한다. 공동체 내에서도 최선을 다해야 한다. 일이 주어지는 것을 두려워해서는 안 된다. 오히려 그것을 감격스럽게 생각해야 한다. 이것이 바로 하나님의 사람이 가져야 할 자세다. 하나님의 사람에게는 사역에 대한 열정이 있어 그 불꽃이 자꾸 타오른다. 때로는 힘들고 지치고 절망할 때가 있지만 그 불꽃은 자꾸 타오른다.

하나님이 주신 진정한 열정이란 무엇인가? 어떤 일이 성취되더라도 그것으로 끝나지 않는다. 어떤 위치에 올라섰다고 해서 끝나는 것이 아니다. 진정한 하나님의 사람은 더 하고 싶다는 열정을 가지고 있다. 그래서 자신에게 주어진 일만 하지 않는다. 하나님의 사람은 어떻게 하면 주님을 더 기쁘시게 할 수 있을까 하는 간절한 열망을 마음속에 품고 있다.

가끔 우리 교회를 탐방하러 방문하는 목회자들이 있다. 탐방을 마치면 그들은 때때로 난처한 질문을 한다. 그런데 당혹스러운 질문을 하는 사람들 중 대부분은 어떤 부분에서 교회에 대한 왜곡된 시각을 가졌다. 아직도 잊을 수 없는 질문 하나가 있다.

"평신도를 훈련하고 그들을 섬겨서 당신과 똑같은 동역자로 그들을 세워 나가신다고 하셨는데, 이 일에 관해 한 가지 궁금한 점이 있습니다. 교회라는 곳은 물론 성도들의 헌신이 필요하지만, 일하는 것은 유급 사역자에게 얼마만큼의 사례를 지불하고 일을 시키는 게 쉽지 않습니까? 월급도 안 받는 평신도에게 일을 시키면 과연 불평 없이 잘해 냅니까? 말을 잘 듣습니까?"

그 사람에게 나는 이렇게 대답했다.

"일은 시키면 안 됩니다. 유급 사역자라면 일을 시킬 수도 있겠지만, 우리 교회는 일을 시키는 것이 아니라 '우리 함께합시다'라고 말합니다. 사람을 양육해서 동역자로 삼는 일이 결코 쉽지는 않습니다. 평신도의 경우 세상살이에 시달리고 가정에서도 시달리고 공동체에서 시달리는 사람이 많기 때문에 사실 그 일이 버거울 때가 있습니다. 차라리 유급 사역자가 많아서 그들과 함께 일하는 것이 더 편할 수 있습니다. 하지만 주님의 일은 누가 누구를 시키는 것이 아니라 함께하는 것입니다. 그리고 담임 목회자인 저 자신이 좀 더 일하고 싶어서 그들을 양육하는 것입니다. 이런 기본적인 틀이 무너지면 나머지 것도 모두 무너져 버립니다."

'6일전쟁'에서 이스라엘은 중동의 아랍 국가들에 승리를 거두었다. 그때 이스라엘의 지휘관이 군인들에게 외친 명령과 아랍 사람들이 외친 명령은 판이하게 달랐다. 아랍 사람들은 "돌격! 앞으로!"라고 외쳤다. 반면에 이스라엘 지휘관은 "나를 따르라!" 하고 외쳤다. 지금도 이스라엘에 가면 국립묘지에 많은 지휘관의 무덤이 있다. 다른 나라와 비교해 볼 때 많은 수의 지휘관이 죽었다. "나를 따르라"고 외쳤기 때문이다. 지도자가 먼저 가지 않으면 따르는 사람도 가지 않는다. 하나님의 교회는 일을 시키는 곳이 아니라 함께하는 곳이다. 리더가 먼저 나서서 더 많이 감당할 때 동역하는 사람들은 주님을 향한 감격으로 그 일을 하게 된다.

D. L. 무디^{Moody}는 "사역자를 망가뜨리는 것은 과도한 사역이 아니라 성령 없이 일하는 것이다"라고 했다. 지도자나 평신도나 하나님의 사역에 쓰임받음을 감사함이 복이다.

전 인격을 다해 감사하라

만약 지금까지 누군가를 원망하고, 팔자소관이라고 자신의 운명을 저주했다면
이제는 감사한 마음을 갖고 주님께 가까이 다가가야 한다.

"그가 요셉에게 자기의 집과 그의 모든 소유물을 주관하게 한 때부터 여호와께서 요셉을 위하여 그 애굽 사람의 집에 복을 내리시므로 여호와의 복이 그의 집과 밭에 있는 모든 소유에 미친지라 주인이 그의 소유를 다 요셉의 손에 위탁하고 자기가 먹는 음식 외에는 간섭하지 아니하였더라."창 39:5-6

요셉과 함께한 하나님의 형통이 다른 사람에게 나타나기 시작한다. 요셉이 보디발 집의 모든 소유물을 관장할 때부터 하나님이 함께하시는 형통함은 구체적으로 환경과 물질을 통해 나타나기 시작했다. 하나님이 함께하시는 사람으로 인해 하나님과 전혀 관계없는 다른 사람에게도 그분의 복이 임하게 된다. 이는 요셉이 하나님의 사람인 것을 드러내기 위함이었다.

우리는 힘들고 지친 상황에서도 하나님을 의지하고 그분께 더 가까이 나아가며 "나는 주님 없이는 안 됩니다"라고 고백하는 용기를 가져야 한다. 그리고 우리가 하나님의 거룩한 사명을 기쁨으로 감당해 나갈 때 그분은 꿈을 가진 사람을 통해 그 가정을 변화시키신다. 이는 진정 하나님이 사랑하는 사람이요, 하나님이 함께하는 사람임을 증명하기 위해 그분께서 해주신 약속이다. 아무런 상관없는 보디발에게 하나님이 복을 주신 것은 바로 요셉 때문이었다.

하나님께서 은혜를 주시고 형통하게 하시는 현장은 영적인 영역만은 아니다. 환경적인 영역, 육적인 영역에도 은혜를 주신다. 하나님은 우리 영혼에만 관심이 많으신 것이 아니라 환경에도 관심이 많으시다. 그분은 지금 우리의 환경과 모든 고통을 선용하고 계신다.

삶과 물질이 회복되는 역사

지금 요셉처럼 억울한 상황에 처해 있는가? 요셉처럼 처참한 인생의 질곡을 걷고 있는가? 아니면 누군가로부터 버림받았는가? 사업에 실패했는가? 믿었던 사람에게 배신당했는가? 삶에 큰 회의가 찾아왔는가? 너무 힘겨워서 살아갈 의욕을 잃어버렸는가?

우리 모두는 저마다 인생의 고통을 겪는다. 그러나 그 고난 속에서 얼마나 하나님께 더 다가갔는가? 하나님 없이는 안 된다고 진실한 마음으로 고백했는가? 하나님 은혜 가운데 살겠다고 결단하였는가? 우리에게 주어진 한 뼘도 안 되는 짧은 인생에서 얼마나 감사하기를 배우고, 찬양하기를 배우고, 감격하기를 배우고, 주님께 순종하기를 배웠는가?

우리가 하나님의 은혜를 가슴에 담고 감사하고 감격하고 하나님의 목적 앞에 삶의 목적과 가치를 두고 산다면 하나님의 영광을 더 드러내기 위해서라도, 하나님의 청지기로서 삶을 감당하도록 하기 위해서라도 그분은 우리의 곤경을 돌이켜 주신다. 우리의 가정을 회복시켜 주신다. 영적인 영역만 아니라 환경적 영역, 물질적 영역에도 하나님께서 역사하신다. 우리는 이 약속을 믿어야 한다.

하나님께서 우리의 삶에 영적으로도 함께하신다는 형통한 은혜를 매일매일 만끽해야 한다. 만약 지금까지 누군가를 원망하고, 팔자소관이라고 자신의 운명을 저주했다면 이제는 감사한 마음을 갖고 주님께 가까이 다가가라. 가까이 가서 주님께서 주신 것에 감사하고 하나님을 온전히 의지하고 그 앞에 무릎 꿇고 전 인격을 다해 감사할 때, 하나님은 우리의 곤경을 돌이켜 주신다. 그리고 청지기로서 삶을 감당할 수 있는 물질의 회복과 삶이 회복되는 은혜를 주실 것이다.

꿈을 따라다니는 고난과 위기

예전에 〈좋은 세상 만들기〉라는 텔레비전 프로그램이 있었는데, 그 안에 할아버지 할머니들이 나와 퀴즈를 푸는 코너가 있었다. 어느 날 텔레비전을 켜 보니 할머니가 연상인 노 부부가 나와 한 사람은 문제를 내고 한 사람이 답을 맞추려고 설명을 듣던 중이었다. 할아버지가 퀴즈의 문제를 보고 할머니한테 설명하는데 "그 있잖여, 첩이 많았던 남자 말이여, 거시기 있잖여……"라고 하자 할머니가 대뜸 "당신이잖아"라고 대답했다.

그 순간 할아버지 얼굴이 빨개지면서 "아니 아니, 임금인디……"라고 하니 할머니가 "니가 임금이냐?"라고 대답하는 게 아닌가! 순간 여기저기서 폭소가 터져 나왔다. 이 문제의 정답은 백제의 의자왕이었다.

짓궂은 사회자가 할아버지한테 "아니, 할아버지 그렇게 바람을 많이 피우셨어요?"라고 묻자 할머니는 "말로 다 못 혀. 세워 놓으면 부산까지 왕복혀"라고 말했다. 사회자가 또다시 "그렇게 인기가 많으셨어요?"라고 묻자 할아버지는 "지들이 좋다고 자꾸 따라오는디 내가 어떡하란 말여"라고 대답했다.

이 할아버지처럼 유혹에 약한 사람이 있다.

꿈을 가진 사람도 유혹을 당할 때가 있다. 위대한 비전의 사람에게도 위기는 찾아온다. 산이 높을수록 골짜기는 깊다. 그래서 하나님의 위대한 꿈을 가진 사람에게는 고난도 많고 위기도 많다. 문제는 그 고난과 위기를 어떻게 극복하는가 하는 것이 꿈을 성취할 수 있느냐 하는 데 관건이 된다는 사실이다.

요셉은 꿈의 사람이고 하나님의 위대한 비전을 가진 사람이었다. 꿈과 비전이 큰 만큼 그에게는 위기도 많았다. 그러나 그는 가슴속에 하나님의 꿈을 가졌기 때문에 그런 위기와 역경에 굴하지 않고 하나님만 바라보는 삶을 살 수 있었다. 그는 노예 생활이 천직이라도 되는 것처럼 최선을 다했다. 성경은 "여호와께서 요셉과 함께하시므로 그가 형통한 자가 되어"창 39:2라고 말씀하고 있다. 이처럼 성경에서 형통이란 그 사람의 전인격 속에 하나님이 가득 채워지는 것을 말한다.

아버지 집에 있을 때 요셉은 하나님으로 충만하지 못했다. 하지만 위기와 고통과 처절한 절망과 배신을 통해 그는 하나님을 자신의 삶 속에 더 깊이 품기 시작했다. 어려운 가운데서 그는 하나님 앞에 형통한 삶을 누리기 시작했다. 그리고 다른 사람에게 영향력을 행사하는 삶을 살게 되었다. 보디발의 집에 하나님의 복이 임하게 되는데, 이는 하나님이 그를 드러내기 위해 역사하신 것이다. 그래서 범사에 하나님이 요셉과 함께하심을 보디발도 보았고, 모든 사람에게 이 사실이 검증되었다.

몇 해가 지나 열일곱 살에 팔린 요셉의 나이가 스무 살을 넘어 건장한 청년이 되었다. 성경은 건장한 청년이 된 그를 가리켜 "요셉은 용모가 빼어나고 아름다웠더라"창 39:6고 말한다. 요셉은 조각처럼 아주 깨끗한 용모를 가졌을 뿐 아니라 '아름다웠다'라고 했는데, 이는 균형이 잘 잡혔다는 뜻이다. 한마디로 요셉의 모습은 사람들의 시선을 끌기에 충분했던 것 같다.

그런데 사람들의 관심을 한 몸에 받자 요셉에게 유혹이 찾아온다. 주인 보디발의 아내가 동침하자고 청하는 것이다. 그러나 요셉은 유혹의 달콤함보다는 하나님을 의식하는 사람이었다. 인생을 살다 보면 인간관계, 물질, 세상의 명예 등 여러 가지 유혹이 찾아온다. 요셉이 당한 불같은 유혹을 통해 우리는 비단 이성에 대한 문제뿐 아니라 신앙인이 겪게 되는 다양한 유혹을 어떻게 이겨내야 할지 늘 생각하고 대비해야 할 것이다.

3_ 고통, **하나님의 섭리**

한 알의 밀알이 땅에 떨어져 썩으면 많은 열매를 맺는다.
그냥 썩고 있다고 절망만 한다면 제대로 썩는 것이 아니다.
정말 썩는 사람은 그 마음에 하나님의 비전을 담고 있다.

하나님 앞에서 살라

우리는 매일 하나님의 은혜 안에 머물러 있어야 되고, 매일 기도하는 자리에 있어야 되고, 매일 감격의 자리에 있어야 되고, 매일 하나님의 임재 앞에서 그분을 의식하는 삶을 살아야 한다.

"그 후에 그의 주인의 아내가 요셉에게 눈짓하다가 동침하기를 청하니." 창 39:7

보디발의 아내가 요셉에게 은밀한 눈짓을 보냈다. 요셉은 그 눈길을 통해 과연 그녀가 자신에게 무엇을 요구하는지 나름대로 눈치 채고 있었다. 요셉은 그 눈길을 차단할 필요가 있다고 생각했다. 꿈의 사람은 자신이 가진 꿈이 클수록 세상적인 것에, 유한한 것에 마음을 뺏기지 않는다.

요셉은 자기를 현혹하는 그녀의 눈빛에 자신의 시선을 빼앗기지 않고, 오직 하나님께 시선을 집중했다. 요셉은 유혹이 강할수록 하나님께 시선을 고정시키는 사람이었다. 코람데오 Coram Deo, 하나님 앞에서의 삶을 살았던 것이다. 위대한 종교개혁자들의 모토가 바로 코람데다. 하나님의 목전, 즉 하나님의 눈앞에서 인생을 사는 것이다.

하나님을 향한 지속적인 시선

요셉은 하나님만을 의식하는 삶을 살았다. 사람의 시선을 의식하고 거기에 반응하는 삶이 아니라 요셉처럼 하나님을 의식하고 사는 삶, 이것은 우리에게도 대단히 중요하다. 힘들수록 하나님 앞에서 산다는 신앙 자세가 중요하다. 고독한 상황에 처할수록 더욱 중요하다. 요셉에게도 청년의 열정이 있었을 것이고 당시 집을 떠나 고독하고 외로운 처지에 놓여 있었기 때문에 그 유혹을 거부하기 어려웠으리라고 짐작할 수 있다. 어릴 때 어머니를 잃어 정에 굶주려 있던 요셉에게 연상인 보디발의 아내는 충분히 유혹적이었다.

그리고 요셉은 동정심이 많았다. 소외당하는 여주인에 대해서나, 그 당시의 사회상에 대해서나 혼란스러워했을 것이다. 당시 사회는 성적으로 상당히 문란했다. 그래서 여주인이 노예를 농락하는 것은 크게 비난받을 일이 아니었다. 노예 입장에서도 자신의 처지를 비관한 채 '내가 어찌하랴'라고 생각하고 쉽게 세상의 죄악과 타협할 수 있는 분위기였다.

만약 이런 상황에 노출되어 있다면 우리는 어떻게 처신하겠는가?

성경 말씀을 우리 자신에게 대입시켜 점검해 볼 필요가 있다. "내가 요셉이라면 어떻게 처신했을까"라는 가정 하에 우리의 삶을 대입시켜 보라. 이런 고민은 남성만의 문제가 아니다. 여성들도 이 문제에 대해 한번쯤 고민해 볼 필요가 있다.

"요셉이 거절하며 자기 주인의 아내에게 이르되."창 39:8

요셉은 죄의 유혹에 대해 "안 됩니다"라고 단 한마디로 거절했다. 그는 망설이며 소극적으로 말하지 않고 단호하게 자신의 생각을 이야기했다. 이는 요셉이 철저하게 하나님만을 의식했기 때문에 가능한 일이었다. 하나님을 의식하지 않으면 이런 상황에서 "안 됩니다"라는 선언을 하기가 쉽지 않다.

만약 지금 다니고 있는 직장에서 고사를 지낸다고 하자. 그래서 임직원들이 돼지머리를 앞에 두고 절을 하는데, 절하라고 은근히 강요하는 눈빛을 보낸다면 어떻게 처신하겠는가? 답은 "Yes" 아니면 "No"다.

물론 이 같은 결정을 내리는 것이 생각처럼 쉬운 일은 아니다. 하나님을 의식하지 않으면 이것은 상당히 어려운 일이다. 요셉은 사람의 눈을 두려워하지 않고 하나님을 두려워했다. 매사에 하나님을 의식했다. 이처럼 진정한 하나님의 사람은 삶의 현장에서 항상 그분을 의식하며 지낸다.

유혹은 한번 왔다가 "안 돼"라는 말을 들으면 그것으로 끝나는 것이 아니다. 이런 유혹이라면 누구나 쉽게 이길 수 있다. 우리가 세상에서 겪게 되는 유혹은 여러 방면에서 색다르고도 지속적으로 찾아온다.

"여인이 날마다 요셉에게 청하였으나 요셉이 듣지 아니하여 동침하지 아니할 뿐더러 함께 있지도 아니하니라."창 39:10

보디발의 아내는 날마다 요셉을 청했다. 시험과 유혹은 다양한 파괴력을 지닌 채 여러 가지 상황에서 찾아온다. 건강할 때는 이길 수 있지만 약해졌을 때는 자신도 모르게 무너질 수 있다. 이는 성적인 유혹에만 해당되는 것이 아니라 모든 신앙의 문제에 걸쳐 이런 일이 발생한다.

부정적인 말을 차단하고 스스로 절제

우리는 긍정적이기보다는 부정적으로 생각하는 습성이 있다. 그리고 과거의 어떤 문제를 현재까지 끌고 오기도 한다.

예수님을 오랫동안 모르고 지내다가 처음 교회에 등록하는 사람을 만나면 우선 반가운 마음이 든다. 교회를 처음 나온 사람일수록 이끄는 대로 잘 따라와 주기 때문이다. 목회하면서 힘든 사람은 오히려 신앙생활을 어느 정도 한 성도들이다. 신앙생활을 10년, 20년 하면서 가슴속에 상처를 많이 품고 있기 때문이다.

 우리는 의식적으로 긍정적인 면을 보고 그것을 개발하도록 노력해야 한다. 그리고 누군가 우리에게 하는 부정적인 말을 차단할 수 있어야 한다. '지금은 은혜가 충만하니까 이 정도는 들어줘도 괜찮겠지' '아이고, 그런 말을 하는 당신이 나쁜 거야'라고 마음속으로 생각할 수 있다. 하지만 일단 부정적인 말을 들은 이상 자신도 모르게 싹이 되어 기억에 남아 있게 된다.

 이런 이유로 나는 험담이나 부정적인 말을 거부한다. 나 자신을 믿지 못하기 때문이다. 그래서 나보다 나은 사람들을 만나려고 애쓰고 있다.

 다양한 상황에서 스스로를 100퍼센트 자신할 수 있는 사람은 없다. "목사님, 회사 사람들과 어울려 할 수 없이 술자리에 가기는 하지만, 그래도 저는 믿음으로 이깁니다"라는 말을 종종 듣는데, 그 마음은 백 번 이해한다. "저는 가서 안주만 먹습니다"라고 말하면 그 마음도 충분히 이해한다. 그런데 문제는 항상 그럴 수만은 없다는 사실이다. 은혜가 충만하고 마음이 건강할 때는 괜찮지만, 직장에서 해고를 당했다거나 상사로부터 자존심 상하는 말을 들었다고 해보자. 그날 부글부글 끓는 마음으로 동료들과 함께 술자리에 갔다. 과연 그 자리에서 술에 대한 유혹을 뿌리칠 자신이 있는가? 그런 날에는 유혹을 이겨내기 힘들 것이다. 인생이 하루아침에 무너져 내린 것처럼 낙심될 때는 우리 자신도 어쩌지 못하는 위험에 노출된다.

우리는 자만해서는 안 된다. 죄는 생각보다 훨씬 집요하게 접근해 온다. 날마다 다양한 모습으로, 여러 가지 상황으로 접근해 온다. 그러므로 우리는 매일 하나님의 은혜 안에 머물러 있어야 되고, 매일 기도하는 자리에 있어야 되고, 매일 감격의 자리에 있어야 되고, 매일 하나님의 임재 앞에서 그분을 의식하는 삶을 살아야 한다. 다른 방법이 없다. 보디발의 아내는 이미 결단하고 상황과 조건을 만들어 가고 있었다. 요셉을 집요하게 몰아가기 시작했다. 하지만 요셉이 그녀를 이길 수 있는 것은 하나님 앞에 선 긴장감 때문이었다.

성경은 "근신하라 깨어라 너희 대적 마귀가 우는 사자같이 두루 다니며 삼킬 자를 찾나니 너희는 믿음을 굳건하게 하여 그를 대적하라"[벧전 5:8-9]고 말한다. 유혹을 이기기 위해서는 믿음 위에 서는 것밖에 다른 도리가 없다. 항상 하나님을 의식하고, 하나님의 임재 앞에 사는 것밖에는 방법이 없다.

분명히 결단하라

우리는 하나님을 의지하는 믿음으로 세상을 이길 수 있어야 한다.
그러기 위해 우리는 매일매일 분명히 결단해야 하고 하나님을 향한 거룩한 섬김을 이루어야 한다.

요셉은 더 이상 피할 곳이 없는 처지에 이르렀다.

"그러할 때에 요셉이 그의 일을 하러 그 집에 들어갔더니 그 집 사람들은 하나도 거기에 없었더라 그 여인이 그의 옷을 잡고 이르되 나와 동침하자 그러나 요셉이 자기의 옷을 그 여인의 손에 버려두고 밖으로 나가매." 창 39:11-12

아마 보디발의 아내는 철저히 준비한 후 요셉을 불러들였을 것이다. 모든 노예를 집 바깥으로 내보내 안채에는 아무도 없었다. 아무도 보는 사람이 없다고 생각할 때 유혹은 집요해지는데, 요셉에게 커다란 위기가 닥쳤다. 이때 혈기 왕성한 나이의 요셉은 어떻게 반응했는가? 그는 어떤 대화도 시도하지 않고 타협도 하지 않고 단호하게 결단했다.

인내와 순종으로 결단

유혹은 은밀히 우리 속으로 들어오는데, 이때 문제는 갑자기 우리를 무너뜨릴 만한 요소를 갖고 있다는 점이다. 분위기, 상황, 조건만 구비되면 갑자기 우리의 무릎을 꿇리게 하고 우리를 짓밟을 만한 위기가 곳곳에 있다. 아주 순간적으로 그 얼굴을 들이밀어 우리를 당황하게 만든다. 범죄와 연관된 사람들을 한번 살펴보라. 치밀한 계획을 세워 음모를 차근차근 실행해 나가는 사람에게 당하기도 하지만, 대부분의 사람은 어느 날 갑자기 뒤통수를 맞듯 황당하게 당한다.

어느 누구도 유혹으로부터 자유로울 수 없다. 유혹은 생활 곳곳에 도사리고 있다. 아무리 믿음 좋은 사람이라도 좋지 않은 소문이나 부정적인 얘기를 듣고 계속해서 교회에 대한 문제 제기를 듣는다면 처음에는 "뭐 그런 거 가지고 그래"라고 말하지만 일단 들은 이상 마음속에서 그것이 쉽게 지워지지 않는다. 그 사람의 마음 한구석에 자리 잡고 있다가 언젠가 상황과 조건만 되면 다시 생각난다. 그러다가 생활에 치명적으로 작용할 때가 온다.

그러나 하나님이 세우신 꿈의 사람은 세상의 가치관으로 오늘을 보지 않는다. 환경에 영향을 받는 가치관으로 오늘을 보지 않는다. 문화에 따르는 가치관으로 오늘을 보내지 않는다. 오직 하나님의 눈앞에서 삶을 파악하고, 그 가치관으로 인생을 바라본다. 꿈의 사람은 순간적인 쾌락을 쫓아다니지 않고, 거기에 자신의 모든 것을 걸지 않는다. 손에 잡히는 명예가 인생의 전부라고 생각하지 않는다. 지금 이 순간 우리 앞에 아름다움을 안겨 주는 세상이 전부라고 생각하지 않는다. 하나님께서 우리에게 베푸신 구원의 은혜와 거룩한 나라를 확장해 나가는 동역자의 삶이 어떤 것인가를 알고, 그 삶 속에서 인내와 순종의 삶을 살아간다.

우리는 위대한 비전의 사람이자 꿈의 사람이다.

주님은 십자가의 피 흘리심으로써 우리 죄를 사해 주셨다.

예수님의 피 흘리심은 우리를 하나님의 자녀로 삼고, 그분의 후계자로 세우기 위해 철저히 죽으셔야 했다. 우리를 죄나 정욕의 노예로 만들기 위한 것이 아니었다. 구원은 시작일 뿐이다.

구원은 하나님의 은혜이며, 그분은 우리에게 구원받은 사람다운 삶을 요구하신다. 구원받은 사람다운 삶은 날마다 우리를 쳐서 복종시키고, 하나님의 임재 앞에 초점을 맞추는 생활을 통해서만 이룰 수 있는 힘들고 고된 과정이다.

한 청년이 지금 성적 유혹에 노출되어 있다. 보디발의 아내는 일언지하에 거절하면서 그 자리를 떠나는 요셉의 옷을 잡았다. 여인은 옷을 벗기면 요셉이 도망치지 못할 거라고 생각했던 것이다. 하지만 그는 그 자리를 떠났다. 그 자리를 떠나는 것이 유일한 방법이었기 때문이다.

요셉이 이 유혹에서 벗어날 수 있었던 원동력이 무엇인가? 그것은 하나님과의 관계 때문이었다. 그가 다른 사람보다 의지가 강해서가 아니라 철저하게 하나님을 의식하는 삶을 살았기 때문에 가능한 일이었다. 당시 그는 누구보다 의지가 약할 수밖에 없는 처지였다. 그는 한창 혈기가 왕성한 청년이었고, 집을 떠나 홀로 생활하는 외로운 처지였다. 우리는 그를 통해 하나님의 목전에 사는 신앙의 자세가 얼마나 중요한지를 알 수 있다.

"이 집에는 나보다 큰 이가 없으며 주인이 아무것도 내게 금하지 아니하였어도 금한 것은 당신뿐이니 당신은 그의 아내임이라 그런즉 내가 어찌 이 큰 악을 행하여 하나님께 죄를 지으리이까."창 39:9

여기서 "하나님께 죄를 지으리이까" 하는 말은 "당신에게 이런 악을 행할 수 없습니다"가 아니라 "하나님께 어찌 큰 악을 행하겠습니까"라는 뜻이다. 하나님의 사람이 행하는 모든 범죄는 사람에게 해당되는 것이 아니라 하나님께 행하는 것이다. 우리는 자신을 너무 과신하지 말아야 한다. 우리는 그런 능력을 가진 존재가 아니다.

"너는 마음을 다하여 여호와를 신뢰하고 네 명철을 의지하지 말라 너는 범사에 그를 인정하라 그리하면 네 길을 지도하시리라 스스로 지혜롭게 여기지 말지어다 여호와를 경외하며 악을 떠날지어다"잠 3:5-7라는 성경 구절이 있다. 비전이 클수록 위험 요소가 많다. 주님께서 우리를 위한 구속의 역사를 담당하러 오셨을 때 제일 먼저 당한 것도 유혹이었다.

　40일을 굶으신 예수 그리스도께 마귀는 돌로 떡을 만들어 먹으라고 유혹한다. 이는 물질에 대한 유혹이었다. 그러고 나서 높은 데서 뛰어내리라고 유혹하면서 성전에서 뛰어내리면 천사가 너를 받들어 다치지 않게 하고 이를 본 사람들이 추앙할 것이라고 말했다. 이는 명예에 대한 유혹이었다. 또한 모든 세계의 영광을 보여 주고 자신에게 무릎을 꿇으면 이 모든 것을 주겠다고 유혹했다. 이는 세상 영광의 유혹이었다. 하지만 주님은 그 유혹을 말씀으로 단호하게 물리치셨다. 하나님의 말씀을 통해 이기셨다.

　예수님이 십자가에 나아가실 때, 사람들은 얼마나 그분을 배격하고 모독했는가? "스스로 메시아라고 하는 당신 내려와라. 네가 다른 사람은 구원했지만, 어찌 네 자신은 구원하지 못하느냐"라고 외치며 그분을 멸시하고 조롱하고 천대한다. 이처럼 예수님은 더할 수 없는 고통과 치욕을 겪으셨다. 하지만 묵묵히 고난의 길을 걸으셨다. 바로 비전 때문이다. 그분의 십자가를 통해서만 우리를 구원하기 위한 하나님의 구원의 역사가 성취되기 때문이었다.

　하나님은 우리에게 그 비전을 함께 성취하자고 말씀하신다. 우리를 구원하실 뿐 아니라 이제는 함께 그의 나라를 완성해 나가자고 하신다. 우리 삶의 현장은 이제부터 매일매일 하나님 나라가 되어 간다. 우리의 다음 세대를 하나님 나라로 만들어 간다. 우리는 이 땅에서 이런 모델로 부름받았다. 여기서 우리가 무너진다면 하나님 나라의 완성은 요원한 일이 된다.

하나님 앞에 제대로 살기 위한 열망

위대한 비전을 가진 만큼 우리에게는 유혹이 항상 따라다닌다. 살다 보면 물질에 대한 유혹이 크게 작용할 때가 있다. 돈의 유혹에 빠져 "신앙이 전부냐, 돈이면 다 된다. 교회도 돈이 있어야 굴러간다"라고 말하는 사람이 있다. 제발 그런 생각을 버리기 바란다. 만약 열등감 때문에 한 말이라면 대부분의 교회는 그렇지 않다고 말하고 싶다. 세상 어느 것보다 우리 자신이 바로 서는 것이 중요하다는 사실을 깨닫고 그런 유혹을 이기기 바란다.

우리는 사람들과의 관계에서도 유혹을 받는다. 다른 사람의 말 때문에 신앙에 문제가 발생하기도 한다. 그럴수록 주님만 바라봐야 한다. 때로 목사가 뭔가 실망을 주더라도 주님만 바라보며 나아가야 한다. '아, 저렇게 약한 사람이 목사구나'라고 생각하면 그 고민은 간단하게 해결된다. 목회자를 주님으로 보지 말고 그들이 행한 실수에 대해 '저렇게 연약한 인간이 주님을 의지하려 애쓰고 있구나'라고 생각하라. 문제를 보려고 하면 그것은 문제가 아니라 위기가 되어 우리에게 되돌아온다.

우리 모두는 협력하며 긍정적인 관점으로 하나님의 비전을 완성해 나갈 사람들이다. 우리가 승리할 수 있는 유일한 방법은 하나님의 임재 앞에 사는 것이다. D. L. 무디는 "저는 새고 있는 그릇이라서 흐르는 물 아래 거합니다"라고 했다.

사도 바울의 "나는 날마다 죽는다"는 말은 말 그대로 스스로를 죽이는 것인가? 우리는 죽지 않는다. 하나님의 임재 앞에서 '하나님의 거룩한 백성이요, 그분의 왕 같은 제사장이요, 그분의 나라와 비전을 감당할 사람'이라는 것을 인식하고 매일매일 그분 앞에서 삶을 살아가야 한다. 그게 날마다 죽는 것이다. 이런 사람에게만 하나님의 영광이 있고 미래가 있다.

꿈을 가진 사람에게도 유혹과 위기와 절망이 따른다. 그러므로 십자가에 피 흘리신 예수 그리스도의 구속의 은혜와 우리와 항상 함께하시는 하나님의 임재를 경험하고, 그분 앞에 온전히 드리는 삶을 살아야 한다. 그래야 세상을 정복할 수 있다. 세상을 이기는 힘은 믿음이지 우리 자신이 아니다. 우리는 하나님을 의지하는 믿음으로 세상을 이길 수 있어야 한다. 그러기 위해 우리는 매일매일 분명히 결단해야 하고 하나님을 향한 거룩한 섬김을 이루어야 한다.

많은 사람이 질병을 두려워한다. 그래서 언론 매체를 통해 이런 병 저런 병 이야기가 나돌면 먹어도 상관없는 음식조차 입에 대지 않는다. 또 어떤 사람은 혹시 실패하지 않을까 매사에 조급해한다. 어떤 사람은 자녀 때문에 걱정하고, 어떤 사람은 인간관계의 고통을 두려워한다. 하지만 우리가 가장 두려워해야 하는 것은 인생을 제대로 사느냐 못 사느냐 하는 문제다. 그것만큼 중요한 것은 없다.

요셉은 하나님 앞에 바른 인생을 살기 위해 노력했다. 제대로 살려고 무척 애썼다. 그는 하나님의 비전을 가슴에 품고 인생을 살았다. 처음부터 그 비전이 무엇인지 알고 있었던 것은 아니지만 점진적으로 하나님께서 자신에게 주신 위대한 꿈이 있다는 사실을 알게 되었다. 그리고 그 꿈이 자라나기까지 많은 시련을 겪어야 한다는 사실도 알게 되었다. 그래서 자신에게 어려움이 다가올 때마다 그것이 꿈을 더욱 자라게 하시는 하나님의 방법이라는 것을 굳게 믿었다.

사실 하나님의 방법을 믿고 따라간다는 것이 말처럼 쉬운 일은 아니다. 요셉이 당한 어려움은 생사를 넘나드는 것이었지만 꿈을 가지고 있었기 때문에 하나님께서 언젠가 자신을 세우신다는 확신을 갖고 매일 대가를 지불하는 삶을 살았다. 노예 생활을 하게 되었지만 하나님을 원망하거나 좌절하지 않았다. 요셉은 "내게 중요한 것은 제대로 사는 것이다"라는 삶의 모토를 가졌던 것이다.

억울한 누명도 쓸 수 있다

하나님의 섭리는 참으로 묘하고, 그분의 계획은 참으로 세밀하다.
우리는 이 사실을 모르기 때문에 당황하기도 하고 절망하기도 한다.
아직 해답을 알지 못하기 때문이다.

"그의 옷을 자기 손에 버려두고 도망하여 나감을 보고 그 여인의 집 사람들을 불러서 그들에게 이르되 보라 주인이 히브리 사람을 우리에게 데려다가 우리를 희롱하게 하는도다 그가 나와 동침하고자 내게로 들어오므로 내가 크게 소리 질렀더니." 창 39:13-14

그러나 요셉에게 돌아온 결과는 억울한 누명뿐이었다. 그는 파렴치한 성 폭행범으로 몰렸다. 여주인은 증거품을 들고 사람들을 불렀다. 요셉이 옷을 버려두고 도망치는 것을 보고 자신의 계획이 수포로 돌아간 것을 알자 여인은 소리를 질렀다. 그 소리를 듣고 사람들이 달려나오자 여주인은 "주인이 히브리 사람을 우리에게 데려다가 우리를 희롱하게 하는도다"라고 외친다.

여기에 아주 중요한 단어가 있는데, 바로 '우리'라는 단어다. 악인은 악인끼리 통하도록 되어 있다. 요셉은 보디발 집에서 충성을 다하며 성실과 정직을 모토로 삼고 헌신했다. 그리하여 주인의 신뢰를 받지만 함께 일하는 노예들이 그를 바라보는 시선은 결코 곱지 않았다. 여주인은 요셉을 은근히 미워하는 노예들의 심리를 이미 꿰뚫고 있었다. 그래서 그들을 통해 요셉이 죄가 있다고 드러내려 한 것이다.

우리 삶을 간섭하시는 하나님

모여든 사람들은 그녀의 말을 전혀 의심하지 않았다. 여주인의 행실이 평소 그렇게 단정하지 못하다는 사실을 알면서도 공감대가 형성되자 한 마음이 되었다. 공동의 적이 만들어졌기 때문이다. 요셉을 시기하는 마음을 갖고 있던 그들은 여주인의 항변을 의심하지 않고 그대로 받아들였다.

상황은 요셉에게 불리하게 전개되었다. 아무도 그의 편이 되어 주지 않았고, 여주인은 완벽한 증거물까지 내놓았다. 그가 결백하다는 증언은 하나님밖에 할 수 없는데, 하나님께서는 침묵하고 계셨다.

사람이 가장 쉽게 친해지는 방법은 공동의 적을 만드는 것이다. 예를 들어 여러 사람이 모여 얘기하다가 그중 한 사람이 "그 부녀회장 있잖아, 교회 나간다는데 왜 그렇게 유별난지 모르겠어"라고 말했다고 하자. 그러면 그 사람을 평소 좋게 생각하지 않은 사람이나 부녀 회장 선거에서 떨어진 사람은 그 말을 듣고 공감을 표하며 고개를 끄덕이고, 이처럼 공감대를 형성한 후에는 아주 끈끈한 사이가 되기도 한다.

그러나 요셉은 다른 사람들과 어울리며 공동의 적을 만들지 않았기 때문에 오히려 사람들로부터 미움을 받았다. 이때 여주인은 길길이 날뛰며 "그의 옷을 곁에 두고 자기 주인이 집으로 돌아오기를 기다려 이 말로 그에게 말하여 이르되 당신이 우리에게 데려온 히브리 종이 나를 희롱하려고 내게로 들어왔으므로"창 39:16-17라고 말하며 요셉에게 모든 죄를 덮어씌웠다.

양심이 있다면 부끄럽게 생각하고 어떻게든 위기를 모면하려고 할텐데, 이 여인은 요셉에게 모든 죄를 전가하고 오히려 자기는 정당한 것처럼 행동하고 있다. 그리고 남편이 돌아올 때까지 그 옷을 옆에 놓고 요셉에게 어떤 벌을 줄 것인지 준비하고 있었다.

여주인은 남편이 돌아오자 "당신이 우리에게 데려온 히브리 종이 나를 희롱하려고 들어왔습니다"라고 말했다. 여주인은 자기를 철저하게 가장하려고 아마 손수건에 눈물을 찍어 냈을 것이고, 주위 사람들에게 동정표도 얻었을 것이다. 그때 몸종도 함께 눈물 지으며 여주인의 말에 고개를 끄덕끄덕했을 것이다. 여주인만 욕보이려 한 것이 아니라 그들 모두를 욕보이려 했다고 여론을 몰아가고 있었다.

이처럼 진실하지 못한 사람은 보디발의 아내처럼 다른 사람을 자꾸 끌어들여 그들을 통해 자신을 정당화하려고 애쓴다.

이 이야기를 들은 보디발이 분노한다. 세상 어느 남자가 이런 상황에서 분노하지 않겠는가!

"주인이 자기 아내가 자기에게 이르기를 당신의 종이 내게 이같이 행하였다 하는 말을 듣고 심히 노한지라." 창 39:19

보디발은 자신이 신뢰했던 종에게 분노했다. 그렇게 성실하고 정직하게 자기를 섬겼던 종이자 범사에 하나님이 함께하셨던 사람이었는데, 그런 그가 자신에게 이런 배신감을 안겨 주었다고 생각하니 온 몸이 부들부들 떨렸으리라. 신뢰가 컸던 만큼 배신의 고통도 컸으리라는 사실은 말하지 않아도 알 수 있다. 보디발은 큰 목소리로 울부짖는 아내의 모습을 보며 '어떻게 이 놈을 심판할 것인가' 라고 생각하면서 '단칼에 죽이고야 말겠다' 는 마음도 가졌을 것이다. 이렇게 요셉은 철저하게 파렴치범으로 몰렸다. 그에게 더 이상 희망이 보이지 않았다.

그러나 하나님은 침묵하시는 것처럼 보여도 그 가운데 역사하신다. 언성을 높이지 않아도, 그분의 손을 보여 주지 않아도 하나님은 자신을 사랑하는 사람들의 삶 속에 반드시 임재하시고 간섭하신다. 우리는 이 점을 간과해서는 안 된다. 보디발은 그 즉시 자기 노예를 죽일 수도 있었다. 아내의 말만 믿고 이 상황을 판단한다면 요셉은 죽어 마땅했다. 단칼에 죽인다 해도 할 말이 없었다. 그의 피를 묻혀 자신의 울분을 씻고 싶다는 마음이 보디발에게 있었으리라.

그런데 그의 마음을 만지시는 주의 묘한 여운이 있었다. 어쩌면 보디발은 자기 아내의 좋지 못한 행실에 대해 어느 정도 알고 있었을지도 모른다. 그래서 흥분이 가라앉자 조금씩 자기의 가슴속에 와 닿는 주의 손길을 통해 요셉에게 약간의 은혜를 베풀기로 마음먹었을지도 모른다. 그를 단칼에 죽이지 않고 왕의 죄수를 가두는 감옥에 집어넣었다.

보디발은 다양한 방법으로 요셉을 처단할 수 있었지만 그렇게 하지 않았다. 그가 너무 아깝다는 생각이 들었기 때문일 것이다. 순간 요셉의 성실함과 정직함이 가슴에 와 닿지 않았을까? 하나님은 보디발의 마음을 감동시켜 그에게 죄인을 가두는, 그것도 왕의 신하를 가두는 감옥에 보내게 하셨다.

요셉이 나중에 어떻게 되는지 알게 되겠지만, 문제는 그 해답을 지금은 알 수가 없다는 점이다. 요셉이 감옥에 가지 않았다면 그의 미래는 어떻게 되었을까? 하나님의 섭리는 참으로 묘하고, 그분의 계획은 참으로 세밀하다. 우리는 이 사실을 모르기 때문에 당황하기도 하고 절망하기도 한다. 때로는 하나님께 대항하기도 하고 하나님께 뭔가 항변하고 싶을 때도 있다. 아직 해답을 알지 못하기 때문이다.

묵묵히 기다리는 믿음

요셉은 또다시 버림받는 신세가 되었다. 그는 자신의 정직함과 성실함으로 주인 앞에서 어느 정도 용납될 줄 알았지만 그에게 돌아온 것은 쓰라린 배신이었다. 소리 높여 울부짖는 아내의 모습을 보며 분노로 치를 떠는 보디발 앞에서 요셉은 그 어떤 말도 할 수 없었다. 결국 그는 감옥으로 끌려갔다.

만약 요셉 같은 상황에 처한다면, 우리는 어떻게 행동할 것인가? 희망이 여전히 존재한다고 믿고 하나님 앞에 무릎을 꿇고 그분을 온전히 신뢰하는 삶을 살 수 있겠는가? 하나님만 의지하고 믿음으로 하나님을 바라본 요셉에게 돌아온 것은 억울한 누명이었다.

유명한 유대인 정신의학자 빅터 프랭클^{Victor Frankl}이 아우슈비츠에서 겪은 고통은 말로 다 할 수 없을 정도였다. 그는 하나님이 살아 계신다면 "당신은 피고요 나는 원고라"고 말했다. 이는 "역사의 무대에 당신을 세워 놓고 역사의 법정에서 심판을 받게 할 것입니다"라는 의미다.

"하나님이 계시면 절대 이럴 수 없다"라는 것이 바로 우리의 항변이다. 하나님 앞에서 나름대로 정직하기 위해 애썼고, 믿음 생활을 하려고 애썼고, 매사에 최선을 다했는데 "어떻게 이런 일이 일어날 수 있단 말인가"라고 당혹해할 것이다.

어떤 죄를 지었다는 양심의 가책이 있었다면 이런 문제가 터졌을 때 '올 것이 왔구나'라고 생각하고 오히려 두 다리를 쭉 뻗고 잠을 잘 수 있었을지도 모른다. 그런데 아무런 죄도 짓지 않고 믿음으로 주님만 의지하고 살고 있었음에도 불구하고 이런 시련을 겪게 된다면 과연 어떻게 행동할까? 대부분의 사람들은 당황하고 절망할 것이다. 가끔 "팔자 때문인지 왜 이렇게 인생이 험악한지, 너무 억울해"라고 말하는 사람이 있을 수도 있다. 더구나 "나쁜 짓 안 하고 나름대로 성실하게 살면서 다른 사람에게 피해 입히지 않고 살려고 했는데, 왜 이런 일이 생기느냐"라고 묻는다면 어떤 답변도 할 수 없다. 다만 요셉의 삶을 묵상해 보라고 권하고 싶다.

우리는 주님을 묵상해야만 한다. 그분이 왜 십자가를 지셨는가? 죄가 많고 저주를 받아 십자가를 담당하셨는가? 아니다. 예수님은 꿈과 비전을 갖고 계셨다. 죄인인 우리를 하나님의 자녀로 삼고 싶은 그 꿈, 우리를 그의 나라에 동역자로 세우고 싶다는 비전으로 사셨다.

그 비전이 바로 십자가였다. 예수님은 사람들로부터 멸시와 천대와 수난을 당하셨지만, 묵묵히 이를 감당하셨다. 자신의 처지를 비관하거나 부끄러워하지 않으셨다. 십자가를 통해 얻을 영광이 있었기 때문이다. 십자가를 통해 얻을 하나님의 구원의 역사가 있었기 때문이다. 마찬가지로 요셉은 배신과 쓰라린 고난 속에서도 오직 하나님만 바라보았다.

시련이 커도 하나님의 **손길**보다 클 수 없다

비록 우리는 초라하고 가진 것 없고 무능하지만,
하나님이 함께하신다는 것과 그분 앞에서 제대로 사는 것을 두려워하는 믿음을 가져야 한다.

우리 인생에는 하나님의 비밀이 담겨 있다.

욥은 고난당하면서 하나님께 참 많이 매달리면서 도움을 요청했다. 친구들이 찾아와서 계속해서 "회개해라" "네 죄가 많기 때문에 이런 심판이 왔다"라고 빈정거리자 그는 도대체 자신의 죄가 무엇일까 곰곰이 생각해 보았다. 그런데도 별로 기억나는 게 없었다. 하지만 친구들은 계속 그를 코너로 몰고 갔다.

욥처럼 시련과 고통이 밀려오는데 하나님이 침묵하며 물끄러미 바라보신다는 느낌이 드는 그 순간 요셉은 잔혹한 고통을 겪어야만 했다.

우리 인생에 담긴 하나님의 비밀

시편 22편을 보면 '아앨렛샤할에 맞춘 노래'라는 설명이 붙어 있다. 이는 처절하고 슬픈 노래로, 히브리 민요 가운데 이런 노래가 많다. 고통의 밤을 지새우며 어미 사슴이 새끼를 낳았다. 그 새끼를 혀로 핥아 네다리로 딛고 일어서게 만들었다. 그때 갑자기 사나운 늑대가 달려왔다. 어미는 본능적으로 도망치지만 멀리 도망가지 못하고 몇 발자국 떨어져 뒤를 돌아본다. 그 늑대가 간밤에 낳은 새끼를 움켜 물자 그 새끼가 외마디 소리를 지른다. 그것을 바라보는 어미 사슴의 심정으로 부르는 것이 아앨렛샤할에 맞춘 노래라고 한다.

요셉의 심정이 그렇지 않았을까? 평생을 믿음과 소망을 갖고 하나님 앞에서 진실한 삶을 살았다. 그런데 그에게 주어진 것은 잔혹한 결과밖에 없었다. 얼마나 처참한 생각이 들었을까? 하나님은 그런 비탄의 현장에서 침묵하신 것처럼 보이지만 감옥에서는 요셉과 함께하셨다. 사람들은 "좀 더 일찍 함께하셨다면 얼마나 좋았을까"라고 말한다. 여기에 하나님의 비밀이 숨겨져 있다.

우리는 하나님께서 요셉과 함께하신다는 사실을 간수장을 통해 알 수 있다. 죄수들을 관리하는 간수장은 요셉을 유심히 봤을 것이다. 더구나 이곳은 왕의 죄수를 가두는 곳으로 정치범 수용소였다. 어느 날 이곳에 이상한 죄명을 가진 죄수가 들어왔다. 죄명은 성폭행 미수였다. 교도소에서도 제일 파렴치한으로 취급받는 사람이 바로 성폭행범이라고 한다. 그러니 인간 취급을 제대로 받았겠는가?

성경을 보면 "그의 발은 차꼬를 차고 그의 몸은 쇠사슬에 매였으니"시 105: 18라고 표현하고 있는데 그 '몸'이란 말은 '영혼'으로 번역하는 것이 좋다. 당시에는 죄수를 편하게 눕지 못하도록 다리에 긴 막대기를 끼워 최대한으로 벌려 벽에 묶어 놓았다. 그리고 나서 그 몸을 사슬로 묶어 적당한 높이에 엉거주춤하게 매어 놓는다고 생각해 보라. 이는 심한 고문이다. 성경은 이 고통을 영혼에 구멍을 뚫어 사슬에 매어 놓은 것처럼 표현하고 있다. 실로 혹독한 상황이다.

그 와중에 간수장이 요셉과 함께하시는 하나님을 경험하게 된다. 이런 비천한 자리에서, 이런 억울한 자리에서 요셉은 항변하지 않았다. 하나님을 향해 여전히 제대로 사는 삶을 살았다. 요셉이 진정으로 두려워하는 것은 열악한 상황이 아니라 삶을 제대로 살고 있는가 하는 점이었다. 그때 간수장이 그를 통해 하나님의 임재를 경험하게 된다. 초라한 사람, 파렴치한 사람으로 알았는데 요셉은 하나님의 사람이었다. 하나님이 함께하신다는 사실을 깨닫게 된 간수장은 요셉에게 은혜를 베풀기 시작했다. 그를 바라보는 눈빛이 따뜻해지기 시작했다.

"간수장이 옥중 죄수를 다 요셉의 손에 맡기므로 그 제반 사무를 요셉이 처리하고 간수장은 그의 손에 맡긴 것을 무엇이든지 살펴보지 아니하였으니 이는 여호와께서 요셉과 함께하심이라 여호와께서 그를 범사에 형통하게 하셨더라."창 39:22-23

아무리 시련이 커도 하나님의 손길보다 클 수는 없다. 아무리 큰 시련이라도 하나님 섭리의 손길보다 클 수는 없다. 이 과정은 하나님의 섭리였고 하나님의 비밀이 이 속에 담겨 있었다. 이 과정을 통해 그의 영혼은 점차 순결해지고 투명해졌다.

테니슨Alfred Tennyson이 쓴 「용광로」를 보면 이러한 고백이 있다.

"하나님께서는 하나님의 사람들 삶 속에 용광로라는 고난을 통해 하나님의 형상이 거기에 보여지기까지 그들을 단련하신다."

과연 우리는 요셉처럼 단련받은 사람인가? 그래서 우리에게 하나님의 품성이 드러나는가, 아니면 여전히 세상적이고 이기적인 모습만 드러나는가? 요셉은 감옥에서도 성실했다. 사람들은 종종 "내가 원래 이렇지 않은데 환경이 나를 바꾸어 놓았어"라고 말한다. 하지만 진정한 품성은 바뀌지 않는다.

그러므로 어디서나 하나님과 함께하는 그 품성이 진가를 발휘하는 삶이 되도록 힘쓰라. 중요한 것은 제대로 사는 것이기 때문이다. 환경이나 힘든 처지에 대해 절망하지 말라. 길지 않은 삶에서 자기 인생에 대해 절규하지 말라. 인생을 저주하지도 말라. 이것은 우리에게 유일한 인생이다. 전 우주를 통해 유일한 인생이다. 그러므로 우리는 자신의 인생을 보듬어 안아야만 한다.

작은 일에 감사하며 사는 삶

많은 사람이 자신은 원래 이런 사람이 아니라 큰 사람인데 때를 잘못 만나서 이렇게 사는 거라고 항변한다. 사람을 잘못 만나서 이렇게 사는 거라고 말한다. 하지만 삶은 그 누구의 것도 아닌 바로 우리 자신의 것이다. 기억하라. 하나님은 지금 처한 상황이 열악하고 힘들지만 그것을 우리 자신의 인생으로 받아들이고, 그 속에서 감사를 배우는 사람에게 인생의 창대함을 주신다.

우리는 작은 일에 감사해야 하고 부족한 점에 감사할 줄 알아야 한다. 현실에 열등감을 갖고 세상을 향해 비난의 말을 쏟아내지 말라. 많은 사람이 세상이 악하기 때문에 자신이 피해를 보고 있다고 생각한다. 세상은 약육강식이 존재하는 정글이다. 우리는 이것을 정죄하거나 비난해서는 안 된다. 다만 자신에게 주어진 작은 일에 감사하면서 살아가면 그것으로 족하다. 비록 불합리하고 유린당하는 삶이지만 이것 또한 우리 인생이다. 거기에 대해 감사할 줄 알아야만 한다.

못 배운 것을 한탄하지도 말고 잘난 사람을 비난하지도 말라. 못 가진 것에 대해 절망하지도 말라. 많이 가진 사람을 향해 도적질했다고 말하지 말라. 힘이 없다는 것 때문에 절망하지도 말라. 뭔가를 비난하기에 앞서 자신의 인생을 사랑하라. 비록 우리는 초라하고 가진 것 없고 무능하지만, 하나님이 함께하신다는 것과 그분 앞에서 제대로 사는 것을 두려워하는 믿음을 가져야 한다. 이것이 가장 중요한 일이다.

하나님이 **역사를 준비**하신다

실패를 어떻게 받아들이느냐에 따라 그 사람의 인격이 나타난다.
실패를 수용하면서 매일 자신의 삶에 진정한 가치를 새롭게 정립하는 사람만이
더 나은 미래를 준비할 수 있다.

하나님은 우리에게 "너는 왜 모세처럼 살지 못하느냐"라고 묻지 않으신다. 절대 어떤 위대한 영웅처럼 살라고 하지 않으신다. 하나님은 우리에게 "왜 너 자신처럼 되지 못하느냐"라고 물으신다. 비록 작은 모습일지라도 우리는 나 자신이 되어야만 한다. 우리의 삶 속에 고난이 있다면 그것은 고난으로 끝나는 문제가 아니다. 고난은 하나님이 우리에게 내리신 기회다. 나이가 너무 많아서 더 이상 비전이 없다고 생각하는 사람이 있는데, 기도하는 어느 어머니를 통해 그 계보를 일으키시는 하나님의 역사를 알고 있다면 다시 한 번 생각해 보라.

세상에서 제일 부러운 게 뭔지 아는가? 나는 몇 대 전부터 그 계보를 위해 기도하며 눈물을 흘렸던 조상이 있는 것만큼 위대한 것은 없

다고 생각한다. 처음에 믿음 생활을 하면서 나는 핍박과 박해를 받으면서도 주님을 향해 끊임없이 무릎을 꿇는 믿음의 선조를 둔 사람이 가장 부러웠다. 이는 그냥 주어지는 것도 아니요 돈으로 살 수 있는 것도 아니다. 우리 세대에서 이루지 못해도 상관없다. 지신이 늙고 초라해서 더 이상 기력이 없어도 상관없다. 무릎 꿇고 간절히 기도하면 하나님께서는 우리 다음 대에라도 세우실 것이다.

그렇다면 늙고 아무것도 없는 것 같다고 해서 우리 인생이 초라해지는 걸까? 아니다. 한 알의 밀알이 땅에 떨어져 썩으면 많은 열매를 맺는다. 하나님의 비전을 이루기 위해 우리의 삶을 그분께 드리면 열매를 맺을 수 있다. 그러므로 너무 현실에만 집착하지 말라. 지금 기도하면서 당장 무엇인가 이루어 주실 거라고 기대하지 말라. 우리는 우리 대만 사는 게 아니다.

역사 철학에서 중요한 것은 역사는 그냥 우연히 생겨난 게 아니라는 점이다. 역사는 철저하게 하나님의 주권에 따라 지금까지 진행되어 오고 있다. 하나님이 역사의 배후에서 우리의 모든 주도권을 행사하시고 있다는 사실이다.

궁전에서 일어난 반역은 왕의 음식에 독을 타는 것도 포함되어 있었던 것 같다. 그런데 이것이 사전에 발각되었다. 왕의 대부분 측근들은 음식을 맡은 사람이었다. 당시에는 왕이 가장 신뢰하는 사람들에게 음식을 준비하고 식탁을 관리하도록 했는데, 이런 일을 하던 사람들이 누명을 쓰거나 자신들이 저지른 죄의 대가로 갇히게 되었다. 한 사람은 왕의 술을 맡았고 또 한 사람은 왕의 떡을 관리했다.

하나님이 준비하신 역사 속에서 이 두 사람은 감옥에 갇히게 되었다. 요셉과 더불어 감옥에서 생활하게 된 것이다. 요셉은 억울한 누명을 쓰고 감옥에서 커다란 고통을 겪는 중이었다. 감옥에서 요셉은 철저히 짓밟히는 심정이 되어 멸시와 경멸을 받고 좌절과 고통을 경험했다. 그런데 그 고통이 클수록 하나님께 가까이 가는 삶을 살기 시작했다. 하나님께 더욱 무릎 꿇는 삶을 살기 시작했다. 하나님 없이 절대 안 된다는 삶의 모습을 갖게 되었다.

많은 사람이 상황에 따라 조건에 따라 움직인다. 하지만 하나님의 사람은 하나님을 따라 움직여야 한다. 하나님을 의지하고 그 신앙 위에 견고히 서야 한다. 세상에 바탕을 둔 사람은 세상이 흔들리면 그 인생도 무너진다. 반면에 하나님의 사람은 언제나 하나님께 인생의 바탕을 두기 때문에 고난 가운데서도 요셉은 그 영향력을 드러내 보일 수 있었다.

"친위대장이 요셉에게 그들을 수종들게 하매 요셉이 그들을 섬겼더라 그들이 갇힌 지 여러 날이라."^{창 40:4}

친위대장은 요셉에게 두 관원을 섬기는 일을 감당하도록 명령했다. 하나님의 사람은 어떤 환경이나 조건에서도 다른 사람을 섬기는 삶을 살아간다. 세상 사람들은 다른 사람을 손가락 하나로 까딱까딱

움직이는 것을 권위라고 생각한다. 하지만 하나님의 사람은 섬김의 삶을 살 뿐이다. 가장 위대한 사람은 먼저 섬기는 사람이다. 세상적인 가치관과 하나님 나라의 가치관은 정반대다. 예수님께서 직접 제자들의 발을 씻겨 주실 때는 그들 가운데 갈등이 있을 때였다. 누가 더 큰 자가 될 것인가 하는 갈등이었다. 하지만 주님은 그들의 주로서, 선생으로서 그들의 발을 씻겨 주셨다. 하나님의 나라에서는 섬기는 사람이 크다는 것을 몸소 실천해 보이셨다.

요셉은 자신이 속한 곳에서 차츰 영향력을 발휘하기 시작했다. 그는 환경을 핑계 대거나 조건을 핑계 대지 않았다. 요셉에게 이곳은 자신이 있어야 될 곳이었다. 혹독하고 처절한 곳이지만 이곳은 자신이 감당해야 할 삶의 현장이었다.

하나님이 쓰시는 인물은 모두 환경에 대해 긍정적으로 반응한다. 환경에 대해 좌절하고 절망하고 배척하고 세상을 경멸하는 사람이 아니다. 그런 나쁜 환경을 선용하는 사람이다. 실패를 어떻게 받아들이느냐에 따라 그 사람의 인격이 나타난다. 실패에 분노하는 사람, 실패에 절망하는 사람은 인생을 제대로 살아갈 수 없다. 실패를 수용하면서 매일 자신의 삶에 진정한 가치를 새롭게 정립하는 사람만이 더 나은 미래를 준비할 수 있다.

영원한 목적을 가지라

하나님이 우리를 사랑하시는 목적이 무엇인가를 분명히 알아야 한다.
때로는 우리의 꿈이 너무 작을 때가 있는데, 이는 세상적인 것에 머물러 있기 때문이다.

상담학자 폴 투르니에가 쓴 『상실과 고통 너머』를 보면 성공한 인물들 가운데는 힘들고 불행한 가정에서 성장한 사람이 많다는 조사 결과가 나와 있다.

세계를 정복하거나 인류 역사에 지대한 영향을 끼친 영웅들은 대부분 어려운 상황에서 성장했다는 것이다. 고아이거나 편부나 편모 밑에서 자란 사람이 많다. 이들의 삶을 통해 우리는 어떻게 고통 속에서 자기를 점검하고 자기를 발견하느냐에 따라 전혀 다른 결과를 만들어 낸다는 사실을 알 수 있다. 역사 가운데 긍정적인 영향을 미치는 사람이 있는가 하면, 아주 부정적인 영향을 미치는 사람도 있다. 똑같은 환경과 조건이지만 거기에 어떻게 반응하느냐에 따라 전혀 다른 결과를 만들어 낸다.

긍정적인 영향을 미치는 사람

살아가면서 긍정적인 삶과 가능성 있는 삶을 얼마나 바로 점검하느냐에 따라 우리의 미래와 다음 세대를 결정짓는 시금석이 될 수 있다. 그러므로 가슴에 한을 품고 살지 말라. 세상을 경멸하지도 말라. 우리를 알아주지 않는다고, 우리의 능력을 제대로 평가해 주지 않는다고 세상을 향해 절규하지도 말라. 오히려 자신을 몰라주는 세상을 향해 기대감을 가지라.

요셉은 감옥에서도 자신의 삶에 최선을 다했다. 왕의 죄수를 섬기는 삶이었지만 그들을 충실하게 섬기며 그들의 이야기에 귀 기울여 주었다. 두 관원의 상담자가 되었다.

"아침에 요셉이 들어가 보니 그들에게 근심의 빛이 있는지라 요셉이 그 주인의 집에 자기와 함께 갇힌 바로의 신하들에게 묻되 어찌하여 오늘 당신들의 얼굴에 근심의 빛이 있나이까." 창 40:6-7

요셉은 그들에게 무슨 일이 있다는 사실을 정확하게 알아챘다. 아침에 그들의 얼굴을 본 순간 근심이 있음을 보고 물었다. 그만큼 두 관원과 친해진 것이다. 두 사람은 간밤에 꿈을 꾸었는데, 그 꿈의 뜻을 몰라 걱정하고 있었다. 그래서 그들에게 어떤 꿈을 꾸었는지 물었다. 요셉의 가슴에는 하나님의 꿈이 있기 때문에 고통과 역경이 있으리라는 것을 알고 있었다. 꿈과 비전을 이루는 데 대가 지불이 필요하다는 사실을 자신의 삶을 통해 이미 경험했던 것이다.

과연 꿈의 의미는 무엇일까?

한 사람이 "내가 꿈에 보니 내 앞에 포도나무가 있는데 그 나무에 세 가지가 있고 싹이 나서 꽃이 피고 포도송이가 익었고 내 손에 바로의 잔이 있기로 내가 포도를 따서 그 즙을 바로의 잔에 짜서 그 잔을 바로의 손에 드렸노라"창 40:9-11고 말했다. 또 한 사람은 "흰 떡 세 광주리가 내 머리에 있고 맨 윗광주리에 바로를 위하여 만든 각종 구운 음식이 있는데 새들이 내 머리의 광주리에서 그것을 먹더라"창 40:16-17고 말했다.

간단한 꿈이지만, 그들은 그 꿈이 무슨 의미인지 몰랐다. 이때 요셉이 하나님의 지혜로 그들의 꿈을 해석해 준다. 첫 번째 사람에게는 좋은 소식이 있을 거라고 말했다. 사흘 후에 왕에게 다시 술잔을 바치는 자리로 갈 것이라고 말하면서 누명을 벗고 복직될 거라고 축하해 주었다. 두 번째 사람은 사흘 후 그의 목이 잘릴 것이고 새들이 그 목을 쪼아 먹을 것이라고 다소 직설적이지만 명료하게 말해 주었다. 요셉은 꿈을 해석하고 난 다음 풀려날 관원에게 "저는 히브리 사람인데 억울한 일을 당해 갇혀 있습니다. 부디 저를 구해 주십시오"라고 말하며 자신의 억울함을 풀어 달라고 부탁했다.

"당신이 잘 되시거든 나를 생각하고 내게 은혜를 베풀어서 내 사정을 바로에게 아뢰어 이 집에서 나를 건져 주소서."창 40:14

하나님의 꿈과 비전

관원이 풀려나는 날 요셉은 자신의 무죄를 밝혀 달라고 부탁하면서 다시 희망을 가졌을 것이다. 하지만 하루 이틀 사흘이 지나도 기다리던 소식은 오지 않았다. 그 관원이 자신의 억울함을 풀어 줄 것이라고, 자신을 자유롭게 풀어 줄 것이라고 기대했지만 그는 그만 요셉을 잊어버렸다.

"술 맡은 관원장이 요셉을 기억하지 못하고 그를 잊었더라." 창 40:23

요셉은 또다시 사람에게 절망했다. 믿었던 사람에게 발등을 찍힌 기분이 들었을 것이다. 우리는 살면서 절망감에 빠질 때가 있는데, 대부분은 사람 때문이다. 돈에 대한 어려움은 우리의 생활을 좀 어렵게 만들 뿐이지만, 인간관계에서 오는 어려움은 참혹하다. 부부 사이에 갈등이 생기면 얼마나 참혹한 줄 아는가? 부모와 자식 간에 갈등이 생기면 얼마나 힘든 줄 아는가? 예전에 어느 성도가 "목사님, 돈 없는 것은 괜찮은데 자식이 속을 썩이니 정말 못살겠어요"라고 말한 적이 있다.

이 모든 고난은 요셉을 단련하기 위한 과정이었다. 다이아몬드는 다이아몬드로만 연마할 수 있다. 사람만이 사람을 단련할 수 있다. 혹시 사람에게 배신당한 적이 있는가? 사람에게 억울한 일을 당한 적이 있는가? 기억하라. 이는 우리를 하나님의 사람으로 만들기 위한 과정이라는 사실을 말이다. 요셉이 겪는 고난 역시 하나님의 사람으로 거듭나기 위한 과정이었다.

술 맡은 관원이 요셉을 불쌍히 생각해 바로에게 그의 억울한 사정을 이야기해서 자유롭게 풀어 주었다고 하자. 그랬다면 요셉은 자유인이 되어 빈 몸으로 고향으로 돌아갔을 것이고, 또다시 형들에게 멸시당했을 것이다.

그러나 하나님의 꿈과 비전은 그 정도가 아니었다. 하나님의 비전은 요셉의 가족과 민족을 구원하는 구원자가 되는 것이었다. 우리는 하나님이 우리를 사랑하시는 목적이 무엇인가를 분명히 알아야 한다. 때로는 우리의 꿈이 너무 작을 때가 있는데, 이는 세상적인 것에 머물러 있기 때문이다. 이런 꿈은 유한할 뿐 아니라 세상이 그냥 지나쳐 버릴 것이다. 우리에게 중요한 것은 영원한 목적이다.

영향력을 드러내라

> 한 알의 밀알이 열매를 맺기 위해서는 썩어야만 된다.
> 썩지 않으면 열매를 얻을 수 없다. 우리의 육체와 자유가 썩기 시작하면 거기에
> 하나님의 위대한 비전이 자라나게 된다.

"만 이 년 후에 바로가 꿈을 꾼즉." 창 41:1

요셉은 그 후로 2년 동안 감옥에 있어야 했다. 어떤 사람은 "내가 여기서 썩는구나"라는 말을 곧잘 한다. 여기서 중요한 것은 싹이 나기 위해서는 썩어야 된다는 사실이다. 한 알의 밀알이 열매를 맺기 위해서는 썩어야만 된다. 썩지 않으면 열매를 얻을 수 없다. 우리의 육체와 자유가 썩기 시작하면 거기에 하나님의 위대한 비전이 자라나게 된다. 사람들은 요셉을 잊었다. 그의 눈물도 잊고 고통도 잊고 탄식도 잊었다. 그는 사람들로부터 완전히 잊혀졌다. 그러나 하나님은 그 속에서 그의 꿈을 위대하게 만들어 가고 계셨다. 영광을 준비해 놓고 계셨다.

삶에 대해 어떤 생각을 갖고 있는가? 현재 처한 고통 때문에 자신

이 썩고 있다고 생각하는가? 가정에서 썩고 있다고 생각하는가? 직장에서 썩고 있다고 생각하는가? 정말 썩고 있다고 생각한다면 하나님의 비전을 바라보기 바란다. 하나님은 여기에서 싹이 나서 자라나게 하시고 열매를 맺게 하신다.

우리는 확신을 가져야 한다. 그냥 썩고 있다고 절망만 한다면 제대로 썩는 것이 아니다. 정말 썩는 사람은 그 마음에 하나님의 비전을 담고 있다. 비록 지금 이 땅에서 고난을 당하고 있지만, 하나님께서 우리를 통해 우리 가정에 어떤 목적을 이룰 것이다. 다음 세대에 어떤 영향력을 드러낼 것이다. 이것이 하나님의 사람들이 갖는 진정한 꿈의 모습이다.

그러므로 근시안적으로 인생을 바라보지 말라. 인생을 멀리 바라보면서 우리가 웅크릴 때 하나님이 더 높이 날게 하신다는 것을 가슴속에 새길 수 있어야 한다. 예수님이 십자가에 매달리실 때 얼마나 많은 멸시와 천대를 받았는가! 하지만 그것만이 목적은 아니었다. 멸시와 천대와 죽음은 과정일 뿐이었다. 이는 영광을 위한 과정이었다. 하나님의 영광과 우리의 영광을 위한 것인 동시에 우리를 죄로부터 구원해서 하나님의 자녀로 삼기 위한 과정이었다.

우리의 눈물과 기도는 우리 세대만이 아니라 다음 세대까지 놀라운 결과를 가져온다. 영향력을 드러내게 된다는 말이다. 우리는 작은 일 때문에 일희일비하는 삶이 아니라 힘들고 어려운 상황에서도 하나님을 품은 사람의 진정한 모습이 어떠한지 드러내 보여 주어야 한다. 하지만 모든 것을 포기하고 불평한다면 그것은 실패의 모습이다. 사람들이 손가락질하며 "저 사람 실패했어" "저 사람 참 불쌍해"라고 말할 때 자신이 썩고 있는 것이 아니라 하나님의 위대한 비전을 이루기 위한 과정이라고 당당하게 선언할 수 있는지 검증해 보라.

그렇게 되기까지 요셉에게는 2년의 시간이 필요했다. 지금 이 순간에도 하나님의 모래시계는 계속 떨어지고 있다. 하나님의 때가 준비되고 있다. 그때가 언제인지 모르지만 우리는 그냥 썩고 있는 것이 아니다. 우리는 하나님의 위대한 비전과 우리 인생에 하나님의 위대한 반전이 포함되어 있다는 것을 인식하고 선언해야 한다.

그렇다면 앞으로 어떻게 살아가겠는가? 자신이 원치 않는 상황일 때, 자신이 원치 않는 절망이 엄습할 때 어떻게 대처하겠는가? 우리가 절대 잊어선 안 되는 것이 있다. 우리 안에 하나님의 위대한 꿈을 간직하고 있는 한 고통과 고난은 열매를 맺기 위한 주님의 과정이라는 사실을 명심해야 한다. 이것이 우리가 걸어가는 오늘이다. 오늘을 이렇게 걸어가는 사람에게만 내일이 존재한다. 우리는 준비하신 하나님의 위대한 비전과 열매가 나타날 때까지 오늘을 믿음으로 인내하고 하나님의 위대한 꿈을 가슴에 담고 싹이 나고 자라게 한다는 사실을 믿어야 한다.

4_ 인생의 반전

요셉은 하나님이 자신을 잊은 줄 알았을 것이다.
모든 사람이 자기를 잊었다고 생각했을 것이다.
하지만 이 절묘한 하나님의 타이밍을 보라.
바로 앞에 서도록 하나님은 이 시간을 준비해 놓으셨던 것이다.

절묘한 타이밍이 있다

기나긴 고통의 시간은 하나님의 위대한 꿈을 자라게 했다.
이 시간은 하나님의 위대한 비전을 움트게 하고 열매 맺도록 하나님이 선용하신 과정이었다.
하나님의 영광을 준비하는 하나님의 계획된 시간이었다.

〈벤허〉는 유다 벤허의 파란만장한 삶의 이야기를 다룬 영화다. 이 영화에는 하나님의 섭리가 한 사람에게 어떻게 구체적으로 나타나고, "하나님은 역사의 주권자시다"라는 것을 공감하게 만드는 장면이 있다. 로마 함대의 총지휘관 아리우스가 "너의 하나님은 너를 구원하기 위해 로마 함대에 승리를 안겨 주었다"라고 말하는 부분이 있다. 이는 하나님이 역사의 주관자라는 사실을 인정하는 멋진 대사다.

바로가 꿈을 꾸는데, 그 꿈의 내용이 신기했다. 첫 번째는 애굽의 나일 강가에 일곱 암소가 거니는 꿈을 꾸었다. 살찌고 탐스러운 일곱 암소가 강가를 거닐면서 풀을 뜯고 있었다. 뭔가 좋은 일이 있을 것 같았다. 그런데 그 다음에 나오는 장면은 흉직하고 바싹 마른 일곱 소들이 탐스러운 일곱 암소를 전부 삼켜 버린다. 이로 인해 바로는 꿈속에서도 굉장히 전율했다. 잠에서 깨어난 바로는 그 꿈의 의미를 몰라 한동안 멍하니 앉아 있었다.

잠시 후 그는 다시 잠에 빠져들었고 또다시 꿈을 꾸게 된다. 이번에는 일곱 이삭이 나온다. 그 일곱 이삭은 아주 탐스럽고 아름다웠다. 하지만 곧이어 바싹 마른 일곱 이삭이 나오더니 탐스럽고 아름다운 이삭을 전부 삼켜 버린다. 이것 때문에 바로는 꿈에서 깨어나 '도대체 이 꿈의 의미가 뭘까' 하는 문제로 상당히 번민한 것 같다. 뭔가 분명히 메시지가 있을 것 같았다. 어떤 절대적인 분이 자신에게 뭔가 메시지를 전하기 위해 이런 꿈을 꾸게 했는데, 자신은 그 의미를 알 수 없어 답답했을 것이다.

아침 내내 그 꿈을 떠올리며 나름대로 생각해 봤다. 하지만 도무지 그 꿈의 의미를 알 수 없었다. 바로는 혼자 아무리 생각해 봐도 그 꿈의 의미를 알 수 없자 측근들에게 물어보았다. 그러다가 애굽에 있는 모든 술객과 박사를 불러 자신의 꿈을 해몽할 것을 명령했다. 하지만 어느 누구도 그 꿈을 해몽하지 못했다. 그럴수록 번민은 커져만 갔다. 여기서 우리는 하나님이 역사의 주관자가 되신다는 것을 다시 한 번 확인하게 된다.

이때 요셉은 감옥에 갇혀 있었지만, 하나님은 역사의 무대 위에 그를 세울 준비를 하고 계셨다. 여기서 우리는 하나님께서 타이밍을 준비하고 그 타이밍을 향해 모든 역사의 과정을 이끌어 가고 계신다는 사실을 깨닫게 된다. 요셉은 보디발의 집에서 10년 가까이 노예 생활을 하다가 누명을 쓰고 2년 넘게 감옥에 갇혀 있는 상태였다. 무려 13년 동안 요셉의 젊은 시절은 완전히 짓밟혔다.

하나님의 신실한 약속

요셉은 사람들의 기억 속에 잊혀진 채 썩고 있었다. 이처럼 요셉의 몸과 마음은 썩고 있었지만 그는 분명한 밀알이었다. 하나님은 그를 통해 위대한 꿈을 일구어 나갈 준비를 진행하고 계셨다. 꿈과 비전이 아름답게 열매 맺도록 하기 위해 하나님은 그를 썩게 만드셨다.

위대한 꿈은 그냥 이뤄지지는 것이 아니다. 위대한 비전이 갑자기 오는 것도 아니다. 성경은 그 위대한 꿈과 비전이 성취되기까지는 암담한 절망과 고통 가운데 신음하는 과정이 필요하다는 것을 분명히 말씀하고 있다. 사람들은 철저하게 요셉을 잊어버렸고, 주위 환경은 철저하게 그를 외면했다. 얼마 전까지 그의 마음속에는 꿈이 있었다. 감옥에서 만난 술 맡은 관원이 약속을 지킬 것이라고 생각한 요셉은 곧 자유의 몸이 될 거라는 기대감을 가졌다.

그런데 그 꿈은 더 큰 좌절로 변했고, 어느덧 2년의 시간이 흘렀다. 시간이 흐를수록 현실은 더 암담하게 요셉의 육체와 마음을 짓누르기 시작했다. 약속했던 그 사람은 요셉을 잊어버리고 말았다. 어느 누구도 요셉을 기억하는 사람이 없었다. 그는 완전히 잊혀진 사람이 되어 감옥 한구석에서 썩고 있었다.

그러나 기나긴 고통의 시간은 하나님의 위대한 꿈을 자라게 했다. 이 시간은 하나님의 위대한 비전을 움트게 하고 열매 맺도록 하나님이 선용하신 과정이었다. 하나님의 영광을 준비하는 하나님의 계획된 시간이었다.

가끔 삶이 우리를 속인다는 생각이 드는가? 운명이 우리의 삶을 짓밟고 있다는 생각이 드는가? 세상 사람이 우리를 잊어버리고 외면하고 몰라주고 우리의 삶을 철저하게 배척하고 있다는 생각이 드는가? 하나님은 결코 우리를 잊지 않으신다. 하나님은 우리를 그냥 버려두지 않으신다. 성경은 하나님께서 우리를 그 영광의 정상에 서게 하기 위해 이 과정을 선용하신다는 사실을 말씀하고 있다. 예수님도 영광을 얻기까지 철저하게 썩으셨다. 십자가에 자신을 철저하게 내놓으셨다. 그는 십자가에 죽으심으로, 고난당하심으로 썩는 밀알이 되셨다. 그분은 십자가에서 썩을 뿐 아니라 무덤에서까지 철저히 썩으셨다. 하지만 그의 썩으심은 영광을 위한 것이었다. 구원을 위한 것이자 영생을 위한 것이었다.

예수님은 제자들에게 "한 알의 밀이 땅에 떨어져 죽지 아니하면 한 알 그대로 있고 죽으면 많은 열매를 맺느니라" 요 12:24고 말씀하셨다.

하나님이 우리의 비전을 일구기 위해 때로 우리를 썩게 하신다는 사실을 명심하라. '난 썩고 있어'라고 생각하고 있는 그 시간, 우리 마음속에 절망과 탄식이 가득한 그 시간에 하나님은 우리를 새롭게 일으켜 세우실 하나님의 비전의 때를 준비하고 있다는 사실을 알아야 한다. 우리는 그때마다 하나님의 신실한 약속을 마음속에 담아야 한다. 하나님의 은혜 가운데 견고히 서야 한다.

더 높이, 더 멀리

인생의 고난이 다가올 때 발밑만 바라보며 어리석은 생각을 해선 안 된다. 인생의 고난 속에서 좀 더 높은 곳, 좀 더 먼 곳을 바라볼 필요가 있다. '하나님은 어떤 비전을 준비하신 걸까? 어떤 위대한 결과를 준비하신 걸까?' 하는 것을 바라보는 믿음을 가져야 한다.

"술 맡은 관원장이 바로에게 말하여 이르되 내가 오늘 내 죄를 기억하나이다." 창 41:9

술 맡은 관원장도 바로가 번민하기까지 요셉을 잊고 지냈다.

바로 앞에서 요셉에 대해 말하기 전까지 하나님은 그의 기억력을 철저하게 장악하고 계셨다. 바로 이 시점에서 요셉을 기억해야 했기 때문이다. 이는 하나님의 절묘한 타이밍이었다.

만약 그전에 관원장이 기억했다면 요셉은 어떻게 되었을까? 성경은 지성으로만 풀 것이 아니라 때로는 감성으로 풀 필요가 있다. 앞서 말한 것처럼 술 맡은 관원장이 풀려난 다음 요셉에게 뭔가 보답하고 싶어 바로에게 그 일을 고했다면 어떻게 됐을까? 요셉을 잊지 않고 기억했다가 나름대로 항명해서 요셉의 무죄를 풀어 주려고 시도했다면 어떻게 되었을까?

과연 요셉이 풀려날 수 있었을까? 그럴 수도 있었을 것이다. 그렇게 되었다면 그는 자유의 몸이 되어 고향에 돌아갔으리라. 아니면 이 소식을 들은 보디발이 요셉에게 누명 씌운 사람이 자기 아내라는 사실을 알고 자신의 명예와 권위가 짓밟혔다는 생각에 어쩌면 요셉을 미리 처단했을지도 모른다.

요셉의 존재를 잊게 만든 것도 하나님의 역사였다. 역사의 주관자는 바로 하나님이시다. 바로의 면전에 요셉을 서도록 하기 위해 하나님은 그 관원장의 기억을 철저하게 막으셨고 지금에서야 기억나게 하셨다.

바로는 꿈의 의미를 알지 못해 안절부절못한다. 궁금해하고 안타까워하고 답답해한다. 그때 옆에 있던 관원장의 머릿속에 번개처럼 스쳐 지나가는 한 사람의 모습이 있었다. 과거 감옥에 갇혀 있을 때 자신을 섬기던 한 히브리 노예가 생각난 것이다. 억울하게 성폭행 미수범으로 몰려 감옥에 들어왔던 한 청년이 자신의 꿈을 해몽해 주었다는 생각이 갑자기 떠올랐다. 그래서 바로에게 그 히브리 노예를 소개하기에 이르렀다.

성경을 볼 때 너무 평이하게 보면 그냥 넘어갈 수도 있지만, 이 구절은 상당히 입체감이 있다. 재미있다. 아무리 꿈 해몽을 잘한다고 해도 바로에게 히브리 노예 소년을 천거하는 것은 쉽지 않은 행동이었다. 당시 노예는 아주 천한 사람이었다. 더구나 성폭행 미수범이라는 죄명을 쓰고 있는 사람이었다. 그런 사람을 불러다가 바로 앞에 세운다는 것은 그에게 큰 모험이었다. 그런데 바로가 너무 번민하자 술 맡은 관원장도 함께 번민하다가 드디어 입을 열게 되었다.

"바로시여! 예전에 제가 죄를 지어 옥에 갇힌 적이 있지 않습니까? 그때 저와 함께 갇힌 또 다른 관원과 더불어 꿈을 꿨나이다. 그런데 그 꿈에 뭔가 메시지가 있는 것 같은데 해몽을 못 하고 답답해하던 중 마침 거기 있던 히브리 노예 청년이 해몽을 해주었습니다. 그런데 놀라운 것은 그가 해몽해 준 대로 저는 풀려나고 또 다른 사람은 형장의 이슬로 사라졌습니다."

이 말을 들은 바로의 가슴속에 일말의 빛이 비쳤다. 오랜 시간 번민했던 바로는 무조건 데려오라고 명령했다. 하나님의 절묘한 타이밍이었다.

기억하라. 절망에 빠져 삶을 포기한다 해도 하나님은 절대로 우리를 놓지 않으신다. 우리를 잊지 않으신다. 이것이 하나님의 약속이다. 요셉은 하나님이 자신을 잊은 줄 알았을 것이다. 모든 사람이 자기를 잊었다고 생각했을 것이다. 하지만 이 절묘한 하나님의 타이밍을 보라. 바로 앞에 서도록 하나님은 이 시간을 준비해 놓으셨던 것이다.

또 다른 문을 열어 주신다

지금 가로막혀 있는 현실만 바라보지 말라. 주님 안에서 열릴 문을 바라보라.
하나님이 우리 인생의 길을 어떻게 열어 가실 것인가를 바라보라.

"이에 바로가 사람을 보내어 요셉을 부르매 그들이 급히 그를 옥에서 내 놓은지라 요셉이 곧 수염을 깎고 그의 옷을 갈아입고 바로에게 들어가니." 창 41:14

감옥에 갇혀 있는 요셉에게 간수가 와서 나오라고 했을 때 그의 가슴속에는 희망이 싹텄을 것이다. 이때 요셉은 마음속으로 자유의 몸이 되면 아버지가 살고 있는 그리운 고향에 돌아가겠다고 생각했을 것이다. 하지만 그가 감옥을 나와 끌려간 곳은 다름 아닌 바로 앞이었다. 요셉은 지금 절대 권력자 앞에 서게 된 것이다. 고난의 터널을 지나 드디어 영광의 문이 그의 앞에 열린 것이다. 얼마나 가슴 벅찬 순간인가! 과거는 더 이상 우리의 몫이 아니다. 그러므로 앞에 있는 푯대goal를 향해 전진하라.

믿음의 크기가 하나님의 크기

하나님의 방법은 우리의 방법보다 크다. 하나님의 계획은 우리의 계획보다 크다. 그러므로 하나님을 우리의 이성이나 현실 속에 가둬 놓아선 안 된다. 하나님의 위대함을 믿음의 눈으로 바라볼 필요가 있다. 우리가 믿고 있는 하나님의 크기는 어느 정도인가? 하나님의 크기는 우리가 가진 믿음의 분량에 따라 달라진다. 어떤 사람은 하나님의 크기를 작게 생각하고 어떤 사람은 크게 본다. 우리가 가진 믿음의 크기가 우리가 경험하는 하나님의 크기다.

아무리 위대한 꿈의 소유자일지라도 이런 위대한 인생의 반전은 상상하지 못했을 것이다. 하나님이 요셉을 애굽의 노예로 팔려오게 하신 것, 10년 만에 다시 감옥에 들어가게 하신 것, 이 모든 것은 요셉을 위대한 대반전 드라마의 주인공으로 세우시기 위한 하나님의 뜻이었다. 만약 이 사실을 미리 알았다면 얼마나 좋았을까? 꿈의 사람조차도 이 사실을 알지 못했다. 요셉은 매일 눈물을 곱씹으면서 절망과 좌절 가운데 살았다. 그런데 하나님의 위대한 대반전 드라마가 그 앞에 나타났다. 그는 또 다른 문을 여시는 주님의 모습을 발견하게 되었다.

요셉이 코너에 몰렸을 때, 막다른 벽에 부딪혔을 때 하나님은 언제나 새로운 문을 여셨다. 형들의 시기를 받고 애굽의 노예로 팔려왔을 때 하나님은 또 다른 문을 여셨다. 노예로 팔려와서 10년 동안 주인에게 충성을 다하자 하나님은 또 다른 문을 열어 주셨다. 바로 형통함이었다. 보디발의 집에서 가정 총무가 된 후 형통을 누리고 있을 때 하나님은 감옥이란 또 다른 문을 여셨다. 어느 때는 좀 더 나은 삶의 환경으로 문을 여실 때도 있었고, 어느 때는 더 힘든 환경으로 문을 여실 때도 있었다. 요셉이 감옥에서 하나님을 찾으며 울부짖을 때 하나님은 드디어 마지막 문을 여셨다. 그것은 궁전을 향한 문이자 영광을 향한 문이었다. 하나님은 막다른 골목에 다다른 우리에게 길을 열어 주신다. 그러나 우리는 너무 쉽게 포기한다. 한두 번 해보고 안 되면 문 열기를 주저한다.

기억하라. 하나님은 우리가 인생의 문을 열기 원하신다. 많은 사람이 오늘의 현장에 주저앉아 있고, 자신의 인생 광야에 주저앉아 있다. 마치 하나님의 약속을 받고 소명을 받았지만 광야에서 무너져 버린 이스라엘 백성에게처럼 약속의 땅은 너무 먼 곳에 있다. 말씀을 믿고 순종하고 하나님 앞에 철저하게 믿음으로 전진하면 그 약속의 땅은 우리의 것이 된다. 그러나 현실의 암담함이나 문제만 보면서 탈출구가 없다고 외친다면 결국 힘겨운 현실은 우리의 것이 되고 말 것이다.

우리는 주님을 바라봐야만 한다. 갈렙과 여호수아는 현실만을 보지 않았다. 그들은 눈앞에 닥친 문제만 보지 않았다. 하나님을 바라보고 그분이 주시는 위대한 기회와 비전을 바라보았다. 그들은 현실을 거부한 채 하나님이 그들과 함께하실 거라고 믿었다. 여호와께서 그 땅을 주실 것이라고 굳게 믿었고, 그들의 비전대로 되었다. 하루 아침에 된 것이 아니라 40년 만에 되었다.

고난의 크기는 영광의 크기

많은 사람이 한 번 기도하고 돌아서면 뭔가 이루어질 줄 아는데, 그건 그들이 가진 믿음의 크기가 그것밖에 안 되기 때문이다. 요셉의 크기는 어떤가? 한 번 기도하고 돌아서자 그 앞에 또 다른 벽이 가로막고 서 있었다. 하지만 하나님께서 또 다른 문을 열어 주셨다. 열고 열어 그를 왕국에 서게 하셨다. 우리는 고난이 큰 만큼 영광도 크다는 사실을 기억해야 한다.

"빌라델비아 교회의 사자에게 편지하라 거룩하고 진실하사 다윗의 열쇠를 가지신 이 곧 열면 닫을 사람이 없고 닫으면 열 사람이 없는 그가 이르시되 볼지어다 내가 네 앞에 열린 문을 두었으되 능히 닫을 사람이 없으리라 내가 네 행위를 아노니 네가 작은 능력을 가지고서도 내 말을 지키며 내 이름을 배반하지 아니하였도다." 계 3:7-8

이것은 우리에게 주신 하나님의 약속이다. 하나님이 우리 인생의 문을 여시면 닫을 자가 없다. 그분이 여시면 막을 자가 없다. 지금 요셉은 바로 앞에 서 있고, 하나님이 그에게 인생의 문을 열어 주셨다.

"바로가 요셉에게 이르되 내가 한 꿈을 꾸었으나 그것을 해석하는 자가 없더니 들은즉 너는 꿈을 들으면 능히 푼다 하더라 요셉이 바로에게 대답하여 이르되 내가 아니라 하나님께서 바로에게 편안한 대답을 하시리이다."창 41:15-16

바로는 자신의 꿈을 요셉에게 이야기했다. 그러자 요셉은 단호하게 "하나님께서 당신에게 그 꿈을 편안히 알려 주실 것입니다"라고 말했다. 이게 바로 요셉의 믿음이었다. 그는 자신이 할 수 있는 것이 아니라 하나님이 하신다고 대답했다. 그에게는 하나님밖에 보이지 않았다. 바로가 보이지 않고 그가 가진 절대 권력이 보이지 않았다. 하나님은 그의 인생을 주관해 오셨고 인생이 막히면 또 다른 문을 열어 주셨다. 힘들고 처절한 현실이지만 하나님이 그를 여기까지 인도해 오셨다. 요셉은 이 모든 것을 믿음으로 알고 있었다. 그의 삶에 하나님의 놀라운 임재하심을 몸소 경험했기 때문이다.

지금 가로막혀 있는 현실만 바라보지 말고 주님 안에서 열릴 문을 바라보라. 하나님이 우리 인생의 길을 어떻게 열어 가실 것인가를 바라보라. 성경은 "생각하건대 현재의 고난은 장차 우리에게 나타날 영광과 비교할 수 없도다"롬 8:18라고 말씀한다. 주님이 우리 인생의 문을 열어 주신다. 새로 문을 열어 주시는 것이다. 그리고 인생의 문이 닫히는 순간에 하늘의 문을 여신다는 것이 하나님의 약속이다. 이는 우리에게 주어진 위대한 보장이다.

지금 세상에서 썩고 있다고 생각하는가? 지금 가정에서 썩고 있다고 생각하는가? 지금 직장에서 썩고 있다고 생각하는가? 지금 아무도 몰라준다고 생각하는가? 지금 다른 사람들로부터 배척당한다고 생각하는가? 심지어 하나님조차 외면하신다고 생각하는가? 그렇다면 지금 자신이 썩고 있는 이유가 무엇이라고 생각하는가?

이 모든 것이 우리 속에 위대한 꿈이 자라고 비전이 자라나게 하시려는 하나님의 계획이라는 사실을 잊지 말라. 그때까지 하나님이 우리를 잊고 계신 것처럼 보여 낙심할 때도 있을 것이다. 하지만 하나님은 결코 우리를 잊고 계신 것이 아니다. 성경은 "여인이 어찌 그 젖 먹는 자식을 잊겠으며 자기 태에서 난 아들을 긍휼히 여기지 않겠느냐"사 49:15라고 말씀하신다.

하나님이 가끔 우리를 외면하는 것처럼 행하시는 것은 무엇보다 순수하고 아름다운 믿음을 갖도록 하시기 위해서다. 우리의 힘과 능력이 아닌 오직 하나님의 은혜와 능력으로 이루어짐을 확신하도록 하기 위한 하나님의 계획이다.

인생 광야에서 낙심하고 절망할 때마다 우리는 하나님을 바라보고 그분이 우리의 인생을 어떻게 열어 가실 것인가, 우리를 영광의 정상에 어떻게 서게 하실 것인가를 바라봐야 한다.

꿈이 위대할수록 대가가 크다

썩지 않는 한 우리의 마음속에 있는 그 상처는 전혀 의미가 없다.
썩지 않는 한 우리가 경험하는 모든 고난은 의미가 없다.

하나의 밀알이 있었다. 쾌적한 환경에서 잘 자라고 있던 밀알이 농부 손에 의해 음습한 땅에 뿌려지고 말았다. 흙에 덮여 짓밟히더니 몸에 습기가 서서히 배며 썩어 들어가는 느낌이 들기 시작했다. 점차 녹아 사라지기 시작했다.

그런데 썩어 들어가는 자기 속에서 뭔가 새로운 생명이 발아하고 있다는 것을 느낀다. 그것은 새싹이었다. 그 새싹은 녹아 버리고 썩어 버린 자기 안에서 서서히 일어나더니 흙을 뚫고 나오기 시작했다. 찬란한 태양을 보기 시작하고 푸른 하늘을 보기 시작했다. 그리고 점점 자라 줄기가 되었다. 거기서 잎이 나고 꽃이 피어 탐스러운 열매가 달렸다. 100배의 열매가 열린 것이다. 하나의 밀알은 이 과정을 통해 세 가지의 진리를 경험했다.

첫째, 썩어야만 산다.

둘째, 썩어야만 열매를 맺는다.

셋째, 썩는다는 그 자체는 자신에게 위대한 축복의 과정이다.

고난의 참 의미

우리는 요셉의 삶을 통해 철저하게 썩고, 철저하게 세상 속에 녹아 버린 그의 영혼을 보았다. 하지만 요셉의 썩음은 하나님의 계획이었다. 하나님이 이 모든 과정을 선용하셔서 그를 통해 위대한 비전을 성취해 가셨다. 한 사람의 위대한 신앙을 통해 우리는 이 사람의 면모만 보는 것이 아니라 "오늘 나는 어떤 삶을 살고 있는가" 하는 것을 검증해 보아야 한다. 이 말씀이 우리와 어떤 관계가 있는지 살펴보아야 한다. 우리도 그 길을 걸어가야 되기 때문이다. 우리도 같은 비전을 성취해야 하기 때문이다.

요셉은 어머니가 일찍 세상을 떠나 아버지의 특별한 사랑을 받았다. 그러던 중 그는 꿈을 꾸었고, 하나님이 주시는 비전을 가슴에 담게 되었다. 그는 형들 앞에서 꿈 얘기를 하고 미움을 받았다.

그러던 어느 날 아버지의 심부름으로 세겜에 있는 형들을 찾아간 요셉은 애굽의 종으로 팔려 노예로 전락하고 만다. 하지만 이미 그의 가슴에는 꿈이 있고 하나님이 심어 주신 비전이 있었다. 이런 이유로 그는 시련에 굴복한 채 주저앉을 수 없었다.

비록 노예 생활이지만 그는 주께 하듯 최선을 다해 살아갔다. 주인 보디발의 인정을 받았지만, 그것도 잠시 그 아내의 모함으로 감옥에 갇히는 신세가 되었다. 감옥에서 그는 또다시 짓밟히는 생활을 하였다. 이처럼 그는 몇 차례에 걸쳐 썩는 과정을 겪어야만 했다.

그때 그는 얼마나 울부짖었을까? 얼마나 탄식했을까? 얼마나 좌절하고 분노했을까?

우리에게도 이런 일이 종종 일어난다. 살다 보면 절망하고 낙심하고 배신의 쓰라림을 경험한다. 하지만 기억하라. 썩지 않는 한 우리의 마음속에 있는 그 상처는 전혀 의미가 없다. 썩지 않는 한 우리가 경험하는 모든 고난은 의미가 없다.

요셉은 가슴에 있는 꿈과 비전 때문에 무릎 꿇고 자신이 썩음을 당해야 된다는 것을 인정하기 시작했다.

"그가 한 사람을 앞서 보내셨음이여 요셉이 종으로 팔렸도다 그의 발은 차꼬를 차고 그의 몸이 쇠사슬에 매였으니 곧 여호와의 말씀이 응할 때까지라 그의 말씀이 그를 단련하였도다."시 105:17-18

처음 감옥에 들어갔을 때 하나님 앞에 기뻐하는 것은 무리였을 것이다. 하지만 이 과정을 통해 하나님이 자신을 썩게 하심으로 열매를 거두게 하실 때가 있으리라는 것을 점차 깨닫기 시작했다. 하나님의 모래시계가 그에게 작동하기 시작했다. 하나님의 때가 그에게 나타나기 시작했다. 하나님의 절묘한 타이밍이 그의 인생을 반전시키기 시작했다. 역사의 주관자도 인생의 주관자도 하나님이시다.

썩을수록 큰 인생의 반전

하나님은 요셉을 향해 위대한 역사의 드라마를 준비해 놓고 계셨다. 찬란한 열매의 때를 준비해 놓고 계셨다. 이처럼 하나님은 우리를 향해 역사의 때를 준비하고 인생의 대반전 드라마를 준비하고 계신다. 우리는 그걸 믿어야 한다. 주님 역시 철저하게 썩으셨다는 사실을 깨달아야 한다.

고달프고 힘들고 처절한 인생에서 우리는 하나님이 계획하신 대반전의 드라마를 기대해야 한다. 우리에게도 그런 놀라운 현장이 준비되었다는 사실을 믿어야 한다.

다음은 《리더스다이제스트》에 실린 글이다.

삶에 전혀 의욕이 없고, 삶의 의미를 모르던 부자 신사가 길에서 꽃을 팔고 있는 노파를 보게 된다. 밝은 웃음으로 꽃을 파는 노파의 모습은 이 신사가 마음속으로 '어쩌면 저렇게 밝은 표정을 지을 수 있을까? 라고 생각할 만큼 밝고 환했다. 그 신사는 자신도 모르는 사이에 그 노파에게 다가서게 된다. 그리고 꽃 한 송이를 사면서 물었다.

"할머니, 어쩌면 그렇게 얼굴 표정이 밝으세요? 무슨 좋은 일이 있으신가 보죠?"

아마 신사가 생각하기에 저렇게 초라한 노파가 길거리에서 꽃을 팔며 무슨 좋은 일이 있을까 싶었으리라. 그랬더니 노파가 대답한다.

"그럼, 모든 게 만사형통인걸."

신사가 묻는다.

"아니 어떤 일이 있기에 만사형통이세요?"

그러자 노파는 심각하게 그러면서도 환한 모습으로 대답했다.

"우리 예수님께서 십자가에 죽으실 때는 온 천하가 어둠이고 온 세상이 캄캄했지. 그러나 사흘 만에 살아나셨잖아. 그래서 나는 주님을 만나고 난 다음부터는 어떤 어려움이 있어도 사흘을 기다린다네. 사흘을 기다려 보면 항상 모든 일이 만사형통이 되거든. 그러니 내가 어찌 기쁘지 않을 수 있겠나?"

이처럼 우리 모두에게는 썩는 과정이 선용되어야 한다. 그래야 발아가 되어 열매를 맺을 수 있다.

우리 인생 속에 위대한 반전을 이루신 주님을 찬양하라. 그 주님을 선언하라. 요셉은 철저하게 썩는 과정을 통해 꿈이 위대할수록, 비전이 위대할수록 지급해야 할 대가가 크다는 것을 깊이 깨달았다. 힘들수록 곤고할수록 썩을수록 그 인생의 반전이 크다는 것을 마음속 깊이 새겼다.

비밀 열쇠를 아는 사람이 되라

우리는 하나님을 전적으로 신뢰해야 한다.
우리 믿음의 크기는 얼마만큼 하나님을 신뢰하느냐에 정비례한다.
그게 우리가 가진 믿음의 크기이고 그게 우리가 믿는 하나님의 크기다.

"바로와 그의 모든 신하가 이 일을 좋게 여긴지라 바로가 그의 신하들에게 이르되 이와 같이 하나님의 영에 감동된 사람을 우리가 어찌 찾을 수 있으리요 하고 요셉에게 이르되 하나님이 이 모든 것을 네게 보이셨으니 너와 같이 명철하고 지혜 있는 자가 없도다 너는 내 집을 다스리라 내 백성이 다 네 명령에 복종하리니 내가 너보다 높은 것은 내 왕좌뿐이니라."창 41:37~40

실로 인생의 대반전이 아닐 수 없다. 꿈에도 생각하지 못한 일이 요셉에게 일어났다. 썩어 가고 있던 그가 하나님의 이 위대한 드라마를 상상이나 할 수 있었겠는가? 아무리 꿈이 크다 해도 아무리 비전이 크다 해도 이런 위대한 하나님의 대역전은 감히 생각하지 못했을 것이다.

하나님의 힘과 지혜

하나님은 요셉이 감옥에서 철저하게 썩고 있는 동안 그의 영광을 준비하고 계셨다. 그의 인생 13년 동안 하나님은 위대한 역사의 주인공으로 요셉을 세우기 위해 준비를 하고 계셨다.

바로는 이 위대한 드라마 속의 요셉이라는 청년을 보면서 하나님의 주권을 인정했다. 하나님의 암시가 있는 꿈을 풀 수 있는 예비된 사람의 존재를 인정했다.

전쟁에 나갈 때 로마인은 새 점을 쳤다. 새 점을 쳐서 이번 전쟁에서 이길 것인지를 알아보았는데, 새 점을 치기 전에는 반드시 새를 굶겼다고 한다. 그리고 나서 모이를 던져 주고 새가 모이를 잘 먹으면 승리하게 될 거라고 믿었다. 많은 군인을 모아 놓고 지휘관은 "지금 이 새들을 풀어 놓을 텐데 먹이를 잘 먹는지 보라. 먹이를 잘 먹는다면 우리도 적군을 이렇게 쪼아 버릴 것이다"라고 말했다. 점을 본 결과는 뻔했겠지만 이 점을 통해 군인들의 사기를 올리려고 했던 것이다.

바로에게도 이렇듯 기분 좋은 해몽을 해주고 기분 좋은 점을 칠 수 있는 사람이 많았다. 그런데 어느 누구의 해몽을 들어도 답답할 뿐이었다. 그때 술 맡은 관원장이 요셉을 생각해 내고 그를 천거했다. 옥문이 열려 풀려났을 때 요셉은 자신이 가고 있는 길이 왕궁으로 난

길이라는 사실을 상상이나 했겠는가? 바로 앞에 선다는 것을 상상이나 했겠는가?

하나님은 우리 생각보다 크고 우리 꿈보다도 크신 분이다. 그러므로 하나님을 우리 생각 속에 가둬 놓아서선 안 된다. 우리는 하나님을 전적으로 신뢰해야 한다. 우리 믿음의 크기는 얼마만큼 하나님을 신뢰하느냐에 정비례한다. 그게 우리가 가진 믿음의 크기이고 그게 우리가 믿는 하나님의 크기다. 요셉이 그 앞에 나갈 때 바로의 마음속에는 이미 동요가 일었다.

요셉이 해몽을 하기 시작했다.

"일곱 충실한 암소나 일곱 이삭은 바로 풍년을 의미하는 것입니다. 그 다음에 오는 일곱의 파리한 소나 파리한 이삭은 7년 흉년을 의미하오니 앞서 오는 7년의 풍년을 잘 준비하소서. 그리하여 7년 동안의 흉년 속에서 백성을 구원하소서. 애굽 사람만 아니라 모든 지역의 사람을 다 구원하라고 하나님이 이 꿈을 당신께 주셨나이다."

해몽을 들은 바로는 비로소 궁금증을 풀 수 있었다. 그리고 나서 요셉을 보니 과연 하나님의 힘과 지혜가 함께하는 청년이었다. 게다가 외모도 출중했다. 이 모든 것은 하나님의 절묘한 타이밍이었다. 하나님의 절묘한 섭리였다. 그래서 바로는 요셉에게 이 모든 일을 맡긴다. 하나님의 비밀의 열쇠를 아는 사람이 이 비밀을 풀어 가는 것이 합당하다고 생각했던 것이다.

진정한 꿈의 성취는 사명의 현장으로

"자기의 인장 반지를 빼어 요셉의 손에 끼우고 그에게 세마포 옷을 입히고 금 사슬을 목에 걸고 자기에게 있는 버금 수레에 그를 태우매 무리가 그의 앞에서 소리 지르기를 엎드리라 하더라 바로가 그에게 애굽 전국을 총리로 다스리게 하였더라."창 41:42-43

바로는 요셉에게 세마포 옷을 입혀 주었다. 그리고 그에게 금사슬을 걸어 주고 그의 손에 왕의 인장을 끼워 주었다. 이 인장은 바로의 권위를 상징하는 것이었다. 모든 것에 바로의 인장을 찍게 되어 있었는데, 그 권위를 요셉에게 준 것이다. 하나님은 철저하게 썩는 과정을 통해 요셉을 세우셨다. 밤이 깊을수록 아침은 가까운 법이다. 겨울이 깊을수록 봄은 더 가까워진다. 고난이 아무리 크다 하더라도 하나님이 계획하신 비전의 때는 반드시 온다.

힘든 오늘 때문에 내일을 포기하지 말라. 오늘의 썩음 때문에 미래를 포기하지 말라. 몇 년 동안의 썩음 때문에 앞으로 있을 영원한 그 나라를 포기하지 말라. 우리는 패배자가 아니다. 이 땅에서 못 거두더라도 영원한 나라에서는 반드시 거둔다는 사실을 믿기 바란다. 우리는 절대로 실패하지 않을 것이고, 우리의 썩음에는 반드시 열매가 있다.

우리는 이 시대에 하나님의 열매를 거둘 뿐 아니라 영원한 나라에서도 열매를 거둘 것이다. 이는 하나님의 약속이다. 우리는 하나님이 그 꿈을 성취시켜 주신 사람에게는 그 꿈이 성취된 것만으로 끝나지 않는다는 사실을 기억해야 한다. 꿈이 성취되고 난 다음 그에게는 사명이 있다.

꿈과 비전이 높을수록 사명의 무게도 깊다. 많은 사람이 꿈을 이룬 것으로 끝을 내려고 하는데, 진정한 꿈이 되려면 하나님이 우리에게 주신 사명이 무엇인가를 찾아내야 한다. 건강을 회복한 사람이라면 어떤 사명을 감당해야 하겠는가? 물질적으로 부유해진 사람이라면 어떤 사명을 감당해야 하겠는가? 탁월한 지혜와 경륜으로 높은 위치에 도달한 사람이라면 어떻게 하나님의 사명을 감당해야 하겠는가?

우리는 그 단계까지 생각해야 한다. 꿈을 성취한 현장에만 머물러 있는 것이 아니라 이제는 사명의 현장으로 깊이 내려가야 한다. 위대한 꿈이 썩어지는 과정을 통해 반드시 그 꿈을 성취하기를 바란다. 또한 그 꿈의 성취를 통해 하나님이 우리에게 어떤 사명을 맡기셨는지 어떤 명령을 하고 계시는지 점검하고, 주님의 영원한 보좌를 향해 그 영원한 승리를 향해 날마다 나아가는 삶이 되길 바란다.

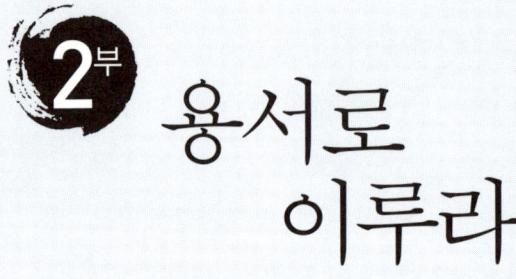

2부 용서로 이루라

1_ 상처 정복

하나님이 고난의 과정을 주신 것은 그로 인해
눈물과 상처와 좌절로 범벅된 삶을 살라는 뜻이 아니다.
우리는 하나님이 인생을 반전시켜 주실 때는 다른 사람을 수용하고
그들을 너그럽게 용서하고 그들을 축복할 수 있는
하나님의 동역자로 세우시기 위함이란 것을 새롭게 선언해야 한다.

쓴 뿌리를 선용하라

우리가 받은 상처보다 더 중요한 것은
그 상처를 어떻게 선용해서 하나님의 뜻 앞에 순복하는 삶을 살 것인가 하는 점이다.

고난과 역경 속에 있을 때 잘못하면 그 고난과 역경을 곱씹고 우리 인생에 쓴 뿌리를 가득 담을 위험이 있다는 사실을 명심하라. 그리고 그것이 엉켜 우리 인격과 삶을 철저하게 망가뜨리고 결국 위기가 찾아올 수 있다는 사실을 명심하라. 시간이라는 약을 통해 상처가 치유되려는 순간 또다시 그 상처가 드러나 절망하고 누군가를 원망할 때가 가끔 있다.

상처가 남긴 함정

우리는 때때로 마음속에 있는 상처를 하나하나 끄집어 내어 그것을 곱씹고 우리 속에 있는 쓴 뿌리를 더 쓰게 만들기도 한다. 요셉도 그랬다. 종살이를 하고 감옥에서 썩어 가면서 그는 자기 인생에 대해 절규했다.

하나님은 그런 상처받은 사람을 때가 되면 위대한 인생의 반전 현장에 서게 하신다. 위대한 인생의 대역전 드라마의 현장에 서게 하신다. 요셉은 13년 만에 그 모든 상처를 극복하고 애굽의 총리가 되었다. 상처 많은 인생 속에서 하나님의 위대한 반전의 현장이 드러나기 시작했다. 그렇게 많던 상처가 어떻게 하나님 앞에 드러나기 시작하는가? 그 상처의 결과가 무엇인지 실로 궁금하다.

"요셉이 애굽 왕 바로 앞에 설 때에 삼십 세라 그가 바로 앞을 떠나 애굽 온 땅을 순찰하니."창 41:46

요셉은 30세에 총리가 되어 애굽의 모든 권력을 장악하게 되었다. 그런데 고난과 상처의 삶을 살아왔던 사람에게는 실패하기 쉬운 함정이 도사리고 있다. 고난을 당하거나, 상처를 받았을 때가 문제가 아니라 그 상처를 어느 정도 딛고 정상에 섰다고 생각할 때가 사실은 문제다.

정상을 향해 올라가는 것도 힘들지만 정상에 섰을 때 우리는 더 힘든 일을 경험하게 된다. 자신에게 주어진 성공적인 부분을 오용할 위험성이 우리 주위에 도사리고 있기 때문이다. 수많은 눈물과 난관과 실패를 통해 완성된 오늘을 잘못하면 짓밟을 위험성이 있다는 말이다.

지금 요셉은 애굽의 총리가 되었다. 총리가 된 다음 그는 제일 먼저 어떤 행동을 취하겠는가? 우리가 이런 상황이라면 어떤 생각이 제일 먼저 가슴에 와 닿겠는가? 13년 만에 상처받은 삶을 지나 애굽의 총리가 되었다면 제일 먼저 무엇을 하겠는가? 어떤 일을 먼저 하겠는가? 우리는 여기서 상처를 선용한 사람의 모습뿐 아니라 상처를 선용해야만 정상에 서게 된다는 진정한 결과를 보게 된다.

총리가 된 요셉은 지금 뭔가 행할 수 있는 지위에 올랐다. 그에게 상처를 준 사람이 있다면 되갚을 수 있는 좋은 기회를 잡았다. 제일 먼저 떠오르는 사람은 아마 보디발이었을 것이다. 자신에게 음모를 뒤집어 씌워 감옥에 쳐 넣은 보디발과 그 아내에 대해 얼마나 쓴 뿌리를 가지고 있겠는가. 보기 좋게 앙갚음을 할 수 있는 기회가 왔다. 또한 자기 형제들에게도 앙갚음을 할 수 있었다. 가나안 땅까지는 며칠 걸리지도 않는다. 말을 타고 달리면 왕복해서 10여 일이면 충분히 모든 원한을 갚을 수 있는 상황이었다.

하나님의 뜻 앞에 순복하는 삶

총리의 권세가 주어지자마자 요셉은 애굽 땅을 순찰하면서 자신에게 하나님이 맡기신 거룩한 사명이 무엇인가를 점검하기 시작했다. 자신이 해야 할 일이 무엇인지 점검했다.

"일곱 해 풍년에 토지 소출이 심히 많은지라 요셉이 애굽 땅에 있는 그 칠 년 곡물을 거두어 각 성에 저장하되 각 성읍 주위의 밭의 곡물을 그 성읍 중에 쌓아 두매 쌓아 둔 곡식이 바다 모래 같이 심히 많아 세기를 그쳤으니 그 수가 한이 없음이었더라."창 41:47-49

총리가 되고 나서 요셉은 자신에게 주어진 사명을 충성스럽게 감당했다. 지난 상처를 통해 얻은 쓴 뿌리 때문에 자신에게 주어진 오늘을 짓밟지 않았다. 자신에게 주어진 사명의 현장을 짓밟지 않았다. 상처의 노예가 되지 않았고, 상처에 짓밟히지도 않았다. 오히려 그 상처를 딛고 풍성한 하나님의 역사와 수확을 경험했다.

우리가 받은 상처보다 더 중요한 것은 그 상처를 어떻게 선용해서 하나님의 뜻 앞에 순복하는 삶을 살 것인가 하는 점이다. 우리가 가진 모든 상처를 선용해서 어떻게 오늘 하나님 앞에 위대한 성공의 과정으로 만들어 갈 것인가 하는 점이다. 또한 이 상처를 선용해서 어떻게 다른 사람들을 섬기는 삶을 살 것인가를 검증해야 한다. 상처보다 더 중요한 것은 우리를 여기까지 존재하도록 만드신 하나님의 사랑에 대한 반응이다. 상처로 인해 생긴 한보다 중요한 것은 우리를 여기까지 이끌어 하나님의 목적 앞에 사명을 감당하도록 하시는 하나님의 거룩한 계획이다.

"흉년이 들기 전에 요셉에게 두 아들이 나되 곧 온의 제사장 보디베라의 딸 아스낫이 그에게서 낳은지라 요셉이 그의 장남의 이름을 므낫세라 하였으니 하나님이 내게 내 모든 고난과 내 아버지의 온 집 일을 잊어버리게 하셨다 함이요."창 41:50-51

요셉이 아들을 낳았는데, 그 아들에게 붙인 이름이 독특하다. 그 아들의 이름에 요셉이 어떤 생각을 갖고 있는가 하는 것이 그대로 드러나 있다. 총리가 된 다음, 꿈을 성취한 다음에 그가 어떤 생각과 어떤 삶의 목적과 가치관을 갖고 있는가 하는 것이 그대로 드러나 있다. 첫아들의 이름을 므낫세라고 지었는데, 므낫세이란 바로 '다 잊게 하셨다' 라는 뜻이다. 요셉이 자기 속에 있는 모든 한과 상처를 철저하게 용해시키고 있음을 아들의 이름을 통해 알 수 있다.

요셉은 하나님이 그렇게 처절하게 눈물의 골짜기를 통과시키시고, 그렇게 사람들을 통해 배신의 쓰라린 고통들을 겪게 하시고, 그렇게 상처투성이의 삶을 살게 하신 것이 하나님의 거룩한 뜻이었음을 깨달았다. 그래서 상처를 준 사람에게 분노하거나 앙갚음하거나 칼을 들지 않았던 것이다. 그는 오히려 모든 고통을 선용하신 하나님을 향해 감사의 고백을 했다.

상처 속에 하나님의 비전이 있다

대부분의 사람들은 그 상처를 선용하지 못해 문제가 발생한다.
상처를 그저 미움으로, 악감정으로, 원망으로, 절망으로 만들어 버림으로써
우리의 연약함을 드러내고 있다.

상처를 너무 의식하면서 살 필요는 없다. 우리는 하나님의 은혜 안에서 자신의 상처가 모두 치유되었다고 선언할 수 있어야 한다. 지금의 우리는 그 상처 때문에 존재하는 것이다. 그 상처가 없었다면, 상처에 따른 고통이 없었다면 아마 이 자리에 있지 못할 것이다. 고통과 실패가 없었다면 우리는 결코 이 자리에 있지 못할 것이다.

많은 육체의 가시를 아직까지 지니고 있다면 우리는 하나님을 추구하는 삶을 살아가지 못한다. 때때로 자만할 수도 있고 오만할 수도 있다. 그러므로 지난날의 상처와 연약함이 자신을 이 정도로 존재하게 만들었다는 것을 인정하며, 이에 대해 감사하는 마음으로 살아야 한다. 우리는 상처의 포로가 되어선 안 된다. 하나님께서 우리 인생에 고난과 눈물과 좌절을 선용하셔서 지금의 우리를 만드셨다

는 사실을 선언해야만 한다. 하나님의 섭리가 없었다면 우리는 지금 그분께 응답할 수가 없다. 그 상처 때문에 지금 하나님을 향해 얼굴을 들고 살 수 있는 것이다. 하나님의 도우심 앞에 철저하게 무릎 꿇는 삶을 살고 있는 것이다.

유명한 소설가 미우라 아야코三浦綾子는 "아프지 않으면 사람도 아니다" "아프지 않으면 드리지 못하는 기도가 있다" "아프지 않으면 바라보지 못하는 영안이 있다" "아프지 않으면 볼 수 없는 성소가 있다"라고 말했다.

이것이 바로 우리의 현실이다.

아픔과 절망이 우리를 하나님의 사람답게 완성해 간다는 사실을 점검해 보아야 한다. 하지만 대부분의 사람들은 상처를 자꾸 떠올리며 그 상처에 대해 원망하고 절망한다. 그러다 보면 결국 상처의 포로가 되고 만다. 요셉은 하나님께서 그 모든 과정을 통해 현재의 자신을 있게 하셨다고 선언했다. 우리는 습관적으로 상처와 직면하려고 한다. 상처를 정복하는 것이 아니라 상처 밑으로 숨으려고 한다. 불면증에 시달리던 어떤 사람이 깜박 잠이 들었는데, 깊은 잠에 들었다가 갑자기 벌떡 일어나더니 뭐라고 말했는지 아는가? "아참! 수면제 먹고 자야지"라고 말했단다. 이처럼 습관은 쉽게 고쳐지지 않는다.

"차남의 이름을 에브라임이라 하였으니 하나님이 나를 내가 수고

한 땅에서 창성하게 하셨다 함이었더라."창 41:52

둘째아들의 이름을 '에브라임'이라고 지었다. 에브라임은 '회복했다, 창대하게 했다'라는 의미를 갖고 있다. 하나님이 자신의 상처를 어루만지셨을 뿐 아니라 회복시키셨음을 뜻한다. 아픈 상처를 통해 창대케 하셨다는 뜻이다. 우리의 상처 속에는 회복에 대한 소망이 있고 하나님의 비전이 있다. 요셉은 상처 때문에 상처를 치유할 수 있는 넉넉한 마음의 소유자였다.

드디어 요셉은 형들과 만나게 된다. 곡식을 구하러 애굽에 온 형들과 대면하게 되는데, 요셉이 형들에게 자신의 삶에 대해 어떤 말로 고백하는지 보라.

"당신들이 나를 이곳에 팔았다고 해서 근심하지 마소서 한탄하지 마소서 하나님이 생명을 구원하시려고 나를 당신들보다 먼저 보내셨나이다."창 45:5

형들은 애굽의 총리가 자신들이 죽이려고 했던 동생이라는 사실을 알고 부르르 떨었다. 그들은 마음속으로 '이제 우리는 죽었구나'라고 생각하면서 한편으로는 이제 두발 뻗고 잘 수 있겠다고 생각했을 것이다. 사람은 죄 짓고 못 산다. 7년의 풍년 다음에 흉년이 왔으므로 그전의 13년을 더하면 햇수로 20년이 넘는 세월이다. 그들은 오래전 악감정 때문에, 젊은 혈기 때문에 동생을 죽이려고 했다가 결국에는 그를 노예로 팔아 버렸다. 그 후 그들은 오랜 시간 죄책감에 시달렸다. 끌려가는 동생의 애원하는 소리가 귀에 오랫동안 남아 있었다. "그러는 게 아니었는데……"라고 중얼거리며 하루하루를 힘겹게 살았을 것이다.

그런데 그 동생이 애굽의 총리가 되어 나타났다. 한편으로는 정말 반가웠지만 '이제는 죽었구나' 라는 생각도 들었다. 그러면서도 마음만은 후련했을 것이다.

요셉은 형들에게 "근심하지 말라. 한탄하지 말라"고 하면서 오히려 위로하고 격려했다. 하나님이 생명을 구원하기 위해 자신을 이곳에 보내셨을 뿐 형들의 탓이 아니라고 말했다. 상처받은 사람이 상처를 준 사람을 위로하는 모습을 통해 우리는 요셉이 하나님의 사랑을 맛본 사람의 넉넉한 가슴을 가졌음을 알 수 있다. 요셉은 형들에게 "내게 그런 상처를 베풀지 않았다면 오늘의 나는 존재하지 않았을 것입니다"라고 고백하고 있다.

부모에 대해 상처를 갖고 있는 사람이 있다. 아내나 남편에 대해 상처를 갖고 있는 사람도 있다. 심지어는 자식들에게 상처받기도 하고 상처를 주기도 한다. 인간관계에서 우리는 수많은 상처를 안고 산다. 심지어는 교회 안에서도 다양한 상처를 주고받는다. 이때 대부분의 사람들은 그 상처를 선용하지 못해 문제가 발생한다. 상처를 그저 미움으로, 악감정으로, 원망으로, 절망으로 만들어 버림으로써 우리의 연약함을 드러내고 있다.

눈물로 보석이 만들어진다

인생의 눈물은 우리의 영혼 속에 하나님의 무지개를 뜨게 하시려고 그분이 선용하는 과정일 수도 있다.
그러므로 사람 때문이라고, 환경 때문이라고 말하지 말라. 자신의 운명을 탓하지도 말라.

우리는 고난과 상처를 선용해서 하나님의 사람으로 세우신다는 것에 대해 새로운 인식을 가져야만 한다. 그리고 오히려 상처 준 사람을 위로하고 용서해야만 한다.

히브리 사람이 가장 좋아하는 보석이 바로 진주다. 그들은 진주에 생명이 있다고 믿었다. 진주는 조개의 눈물로 만들어진다. 조개의 상처와 눈물과 고통을 통해 아름다운 보석이 만들어지는 것이다. 우리 인생과 영혼 속으로 다양한 고통이 밀려오는데, 하나님은 사랑하는 사람들을 통해 그 보석을 만들기를 원하신다. 우리 눈에 눈물이 없으면 우리의 영혼에 무지개는 없다.

인생의 눈물은 우리의 영혼 속에 하나님의 무지개를 뜨게 하시려고 그분이 선용하는 과정일 수도 있다. 그러므로 사람 때문이라고,

환경 때문이라고 말하지 말라. 자신의 운명을 탓하지도 말라. 우리 인생 속에서 그분의 거룩한 뜻과 목적을 성취하기 위해 모든 인생의 과정을 선용하신다는 사실을 믿고 그분 앞에 감사할 때 비로소 하나님은 우리를 위해 위대한 인생의 반전 드라마를 준비하신다. 용서를 선포하신다. 사랑을 선포하신다. 축복을 선포하신다.

예수님은 우리의 죄만을 위해 죽으신 것이 아니다. 우리의 상처를 치유하기 위해 죽으셨다. 그러므로 우리는 온전해져야 한다. 죄뿐 아니라 우리의 전 인격이 하나님께 온전해져야 한다. 그리고 너그러운 마음으로 다른 사람을 이해하고 사랑하고 격려하는 삶을 살아야 한다.

예수님도 많은 상처를 받으셨다. 그분의 몸을 보면 상흔이 남아 있다. 십자가에 못 박히시고 옆구리에 창으로 찔리신 상처가 남아 있다. 그분의 상처는 우리를 구원하기 위한 것이었다. 우리의 생명을 지키기 위한 것이었다. 우리를 부활시키기 위한 것이었다. 부활하신 예수님은 그 상흔을 소중히 간직하셨는데, 그것이 사랑의 징표였기 때문이다.

돌아가신 다음 예수님은 제자들 앞에 나타나셨다. 부활하신 예수님을 보고 제자들은 감격해한다. 그런데 도마는 그 자리에 없었다. 나중에 도착한 도마의 눈에 제자들의 기뻐하는 모습이 들어왔다. 웬일인가 물었더니 부활하신 주님이 나타나셨다고 대답하는 것이었다. 그 이야기를 듣고 도마는 "내가 그 손의 못 자국에, 그 옆구리에 손을 넣어보기 전에는 믿을 수 없다"라고 말했다. 그 순간 예수님이 나타나셨다. 그리고 도마에게 "도마야, 네 손가락을 내 손의 못 자국에 넣어 보라. 내 옆구리의 창 자국에 넣어 보라"고 말씀하셨다. 부활하신 주님은 이처럼 그 상흔을 그대로 간직하고 계셨다. 그 상흔은 그분에게는 상처가 아니라 영광이었다. 사랑의 징표일 뿐 아니라 승리의 징표였다. 이는 예수 그리스도 안에서 우리가 동일한 영광과 승리를 거둘 수 있다는 것을 증명하신 사건이었다.

성경에서 상처의 과정을 통과하지 않고 영광의 자리에 선 사람이 있는가? 모세가 상처 없이 영광의 정상에 섰는가? 상처 없이 이스라엘 민족의 영도자가 되었는가? 사도 바울이 아무런 상처 없이 하나님의 복음 증거를 감당하는 사도가 되었는가? 너무 많은 상처가 있었지만 그 상처를 선용하고 그것이 자신에게 얼마나 큰 은혜인가 하는 것을 새롭게 확신할 때 우리의 삶은 하나님 앞에 새로운 가능성을 열어 보일 수 있다. 한 인간의 위대함에는 상처가 따른다. 그 상처를 극복하고 승화시키고 하나님의 은혜 앞에 무릎 꿇는 것이 크리스천의 진정한 승리다.

보듬는 삶을 살라

상처로부터 자유롭지 않은 한, 상처를 정복하지 않는 한
우리는 진정한 인생의 반전을 이루기 어렵다.

여러 가지 어려움에 처해 있어도 우리는 감사하고 버리고 선언해야 한다. 하나님이 고난의 과정을 주신 것은 그로 인해 눈물과 상처와 좌절로 범벅된 삶을 살라는 뜻이 아니다. 우리는 하나님이 인생을 반전시켜 주실 때는 다른 사람을 수용하고 그들을 너그럽게 용서하고 그들을 축복할 수 있는 하나님의 동역자로 세우시기 위함이란 것을 새롭게 선언해야 한다.

우리 인생에는 여러 가지 시험과 눈물과 절망이 있다. 그러나 하나님께서 우리에게 주시는 인생의 반전을 위해 그 고난은 선용되어야 한다. 아픔도 선용되어야 한다. 미움도 선용되어야 한다. 상처까지도 선용되어야 한다. 우리 모두는 여러 가지 상처를 안고 살아간다. 부모에게 받은 상처도 있고 부부 간에 받은 상처도 있다. 직장동료

간에 받은 상처도 있고, 교역자와 성도들 사이에서도 상처를 주고받는다. 이처럼 우리는 세상을 살아가면서 크고 작은 상처를 받는다. 그런데 문제는 자신만 그 상처를 갖고 있다고 생각하는 것이다.

예수님도 상처를 받으셨는데, 그분의 상처는 우리를 위한 것이었다. 우리의 구원과 회복을 위한 상처였다. 상처로부터 자유롭지 않은 한, 상처를 정복하지 않는 한 우리는 진정한 인생의 반전을 이루기 어렵다. 우리 모두는 주님의 십자가 앞에서 승리를 이루기 원한다. 승리를 쟁취하기 원한다. 그러기 위해서는 사랑하고 격려하고 어루만져야 한다. 상처 준 사람을 보듬는 삶을 살아야 한다. 우리는 약하지만 주께서 이런 능력을 주신다면 이는 가능한 일이다.

2_ **겸손**, 최대의 **덕목**

비전의 정상에 섰을 때 요셉의 가슴에는 만감이 교차했을 것이다.
어쩌면 살아오는 동안 받은 고통과 탄식, 쓰라린 기억이 가슴을 후벼 팠을지도 모른다.
하지만 그는 하나님의 은혜를 생각하면서 그런 고통과 절망이
지금의 자신을 만들었다는 것을 확인하고, 은혜로 자기 가슴을 채우는 삶을 추구했다.

정상에 도취되지 말라

하나님이 세우시고, 붙들어 주시고, 그 자리에 서게 한 사람은 걸어온 길 가운데 임재하신 그분의 사랑을 가슴에 담고 그분을 송축하는 삶을 살아야 한다.

존 우든John Wooden은 "정상에 오르는 데는 능력이 필요할지 모르지만 정상을 지키기 위해서는 인격이 필요하다"라고 했다.

꿈을 성취해 가는 것만큼 중요한 것이 있다면 정상에 서고 나서 어떻게 처신할 것인가 하는 점이다. 성경은 우리에게 하나님의 비전을 성취해 가는 요셉 앞에 하나님의 때가 준비되었음을 말씀한다. 성경은 하나님의 위대한 때는 하나님의 비전과 거기에 대한 인간의 거룩한 반응에서 결정되고 완성된다는 것을 일관성 있게 이야기한다. 꿈을 성취하기 위해 지금까지 앞만 바라보고 전진해 왔던 것 못지않게 지금까지 걸어온 삶의 뒤안길을 점검하는 것도 대단히 중요한 일이다.

인생의 자취마다 하나님의 어떤 임재가 있었는지, 하나님의 어떤 돌보심이 있었는지를 점검하고 나서 오늘을 하나님의 뜻 안에서 선용한다는 것은 대단히 중요한 일이다. "내가 여기에 서 있는 것은 내 능력 때문이 아니었구나. 비록 힘들고 어려웠지만, 하나님의 도우심과 그 사랑으로 여기에 도달한 거로구나"라는 사실을 점검하는 것, 이것이 바로 진정한 꿈의 사람이 갖는 믿음의 자세다.

애굽의 총리가 된 요셉에게는 놀라운 비전의 성취보다 여기까지 인도하신 하나님의 은혜와 사랑에 대한 깊은 감사와 감격이 더 많이 자리 잡고 있었다. 총리가 된 그는 자신의 성공에 도취되지 않고 하나님과 모든 사람을 향해 그 비전을 어떻게 선용하는가 하는 삶의 모습을 아름답게 드러낸다.

그는 정상에서 경솔하게 행동하거나 처신하지 않았다. 오히려 하나님께서 자신에게 주신 위대한 뜻과 계획 앞에 무릎 꿇고 하나님을 추구하는 삶을 살았다. 정상에 섰을 때 우리는 그곳에서 어떤 느낌을 갖는가? 원하던 만큼 성공했을 때 그 현장에서 어떤 고백과 느낌을 가슴에 채우고 있는가? 어쩌면 자신의 자랑거리만 드러내고 있는 건 아닌지 반성해 볼 일이다.

성경은 하나님이 세우시고, 붙들어 주시고, 그 자리에 서게 한 사람은 걸어온 길 가운데 임재하신 그분의 사랑을 가슴에 담고 그분을 송축하는 삶을 산다고 말씀한다. 비전의 정상에 섰을 때 요셉의 가슴에는 만감이 교차했을 것이다. 어쩌면 살아오는 동안 받은 고통과 탄식, 쓰라린 기억이 가슴을 후벼 팠을지도 모른다. 하지만 그는 하나님의 은혜를 생각하면서 그런 고통과 절망이 지금의 자신을 만들었다는 것을 확인하고, 은혜로 자기 가슴을 채우는 삶을 추구했다.

그도 사람인 이상 많은 고통과 갈등이 있었으리라. 아마 그의 가슴 속에는 온갖 회의와 절망과 인생에 대한 쓰라린 기억이 가득 차 있었을 것이다. 하지만 그는 그런 감정의 포로가 되지 않았다. 한과 고통과 절망보다 하나님의 은혜를 가슴에 더 풍성히 담고 사는 사람의 모습을 우리에게 보여 주고 있다.

그러므로 요셉은 자신의 본분을 알고 절제하는 삶을 살 수 있었다. 상처의 노예가 되지 않고 비전의 사람으로 우뚝 설 수 있었다. 정상에 도취되지 않고 비전을 향해 나아갈 수 있었다. 사람들 중에는 인생의 쓰라림과 고통을 모두 이기고 정상에 서지만, 비전의 사람으로 서지 못하고 상처의 노예가 되는 사람이 많다. 그래서 그 가슴을 열어 보면 온갖 상처와 분함과 억울함이 가득 차 있다. 비록 성공했지만 그것은 진정으로 성공한 사람의 모습이 아니다.

요셉은 상처의 노예가 되지 않았다. 오히려 그 상처를 통해 상처를 치유하고, 하나님의 비전을 더욱 성취해 가는 믿음의 사람으로 성장하였다.

우리는 지금 어떤 모습인가? 인생의 모든 회한을 곱씹으며 우리 인생에 쓴 뿌리만 있게 한 사람, 우리에게 잘못한 사람, 우리에게 해를 끼친 사람에 대한 악감정을 가슴 가득 품고 있지 않은가? 그렇다면 진정한 성공의 자리에 서지 못한 것이다. 하나님이 주신 진정한 성공의 자리에 선 사람은 고통을 가슴에 담고 있지만, 하나님이 이것을 선용하셔서 나를 나 되게 하셨다고 고백한다. 오직 하나님만을 추구하는 요셉 앞에 하나님의 때가 다시 한 번 찾아온다.

비전은 고통을 선용한다

우리는 상처의 포로가 되어 다른 사람을 해하기 쉽다.
또한 우리는 성공에 안주한 채 자신의 성공만 강조하면서 하나님의 섭리와 사랑을 망각할 위험성이 높다.

"그 때에 야곱이 애굽에 곡식이 있음을 보고 아들들에게 이르되 너희는 어찌하여 서로 바라보고만 있느냐 야곱이 또 이르되 내가 들은즉 저 애굽에 곡식이 있다 하니 너희는 그리로 가서 거기서 우리를 위하여 사오라 그러면 우리가 살고 죽지 아니하리라 하매 요셉의 형 열 사람이 애굽에서 곡식을 사려고 내려갔으나." 창 42:1-3

애굽 땅에 기근이 찾아왔다. 7년 동안의 풍년 끝에 기근이 시작되었다. 1년, 2년 시간이 지나면서 그 기근은 상상도 못 할 고통이 되어 돌아왔다. 가나안 땅에도 기근이 찾아와 야곱의 가정은 거의 죽을 지경에 처했다. 애굽 땅에 자식을 보내 곡식을 사오지 않으면 살 수 없는 상황이 되었던 것이다. 그래서 야곱은 아들들을 불러 모은 후 "애들아, 이제 더 이상 어쩔 수가 없구나! 너희가 애굽까지 내려

가서 거기서 곡식을 사와야겠다"라고 명령했다.

당시 먼 거리 여행을 하는 것은 결코 쉬운 일이 아니었다. 더구나 이 기근에 곡식을 사온다는 것은 생명을 거는 일이었다. 오가는 길에 어떤 일을 당할지 아무도 예측할 수 없었다. 하지만 야곱은 아들들을 보낼 수밖에 없을 정도로 힘든 상황에 처해 있었다. 그는 오직 막내 베냐민 하나만 남겨놓았다.

애굽에서 곡식을 팔긴 했지만 마구잡이로 팔지는 않았다. 한 가족당 얼마만큼 적당량의 곡식만 팔았다. 그러므로 사람이 많이 가는 것이 유익이었다. 야곱도 모든 자식을 보내기로 결심했다. 그래야 가족 수만큼 곡식을 가져올 수 있었기 때문이다. 하지만 베냐민은 보내지 않았다. 베냐민은 라헬이 낳았던 그의 사랑하는 두 아들 가운데 하나였다. 그의 형 요셉은 사라졌지만, 막내가 살아남아 그의 유일한 위안거리가 되어 주었다. 그래서 베냐민은 남겨놓고 나머지 열 명의 아들을 보내기로 했다.

야곱도 이제 많이 노쇠했다. 사람이 나이를 먹으면 그만큼 잔걱정이 많아진다. 나도 나이를 먹으면서 걱정이 많아졌다. 큰아이를 키울 때는 몰랐는데 둘째가 예쁜 딸이다 보니 예전에는 "차 조심해라"고 그랬는데 이제는 "남자 조심해라"고 말한다. 그래서 딸아이가 돌아올 때까지 잠을 못 잔다. 11시, 12시까지 기다리다가 딸이 들어온 것을 확인하고서야 두발 쭉 뻗고 잠을 잔다. 잔걱정이 많은 나이가 된 것이다.

이렇게 해서 열 명의 아들은 애굽에 도착했다. 당시 애굽에서는 요셉이 적당량의 곡식을 팔도록 행정을 관장하고 있었다.

"때에 요셉이 나라의 총리로서 그 땅 모든 백성에게 곡식을 팔더니 요셉의 형들이 와서 그 앞에서 땅에 엎드려 절하매." 창 42:6

하나님의 위대한 때가 준비된 것이다. 애굽의 총리가 되어 곡식을 관장하는 동생 앞에 지금 형들이 무릎을 꿇고 있다. 요셉은 한눈에 자신의 형들임을 알아봤지만 그들은 전혀 눈치 채지 못했다. 요셉은 형들이 올 것이라는 예감을 갖고 있었다. 분명히 올 것이라고 생각했다.

애굽으로 수많은 사람이 식량을 구하러 모여들고 있었다. 가나안 땅도 예외는 아니다. 그는 매일 이제나 저제나 형들을 기다리고 있었다. 그런데 드디어 그때가 온 것이다. 형들의 무릎 꿇는 모습을 통해 요셉은 하나님의 위대한 비전을 깨닫게 되었다.

"요셉이 그들에게 대하여 꾼 꿈을 생각하고 그들에게 이르되 너희는 정탐꾼들이라 이 나라의 틈을 엿보려고 왔느니라." 창 42:9

요셉은 도대체 무슨 생각을 한 것일까? 그는 20여 년 전 형들이 자신 앞에 무릎 꿇는 꿈을 생각하고 있었다. 당시 형들은 요셉의 이야기를 듣고 화를 냈다. "아니? 우리가 네게 절을 한단 말이냐"라고 말하며 마음속에 더 큰 악감정을 가졌다. 여기에 하나님의 묘한 비밀이 숨겨져 있다. 야곱의 집안은 원래 유목민으로 농사를 짓지 않았다. 그래서 그들은 양들을 먹이려고 풀과 물을 따라 움직였다. 그 땅에 안주하지 않고 오직 하나님만 추구하며 사는 나그네 인생이었다. 그런데 요셉이 농사도 짓지 않는데 마치 농경 생활을 한 것 같은 꿈을 꾸었다. 이것은 하나님께서 주신 계시였다. 이때를 향한 계시였다.

요셉은 자기 앞에 와서 무릎 꿇는 형들의 모습을 본 순간 제일 먼저 그 꿈을 생각해 냈다. 그러면서 자신의 감정보다 자신의 묵은 한보다 하나님께서 여기까지 오게 하셨다는 인도하심에 대한 자각을 하게 되었다.

하나님이 요셉에게 심어 주신 꿈이 드디어 성취되는 순간이었다. 꿈을 성취한 그는 자신의 탁월함을 드러내 보여 준다. 그는 자신의 모든 상처와 상한 감정과 분노를 선용할 줄 알았다. 우리는 상처의 포로가 되어 사람을 해하기가 쉽다. 자신의 성공에 안주한 채 자신의 성공만 강조하면서 하나님의 섭리와 사랑을 망각할 위험성이 높다는 이야기다.

요셉 역시 사람이다. 어떻게 상처가 없을 수 있단 말인가? 어떻게 고통이 없을 수 있단 말인가? 어떻게 절망이 없을 수 있단 말인가? 하지만 하나님이 그의 가슴속에 심어준 비전은 이 고통을 선용하도록 만들었고, 이 상처를 선용하도록 만들었다. '하나님이 그 모든 상처와 고통을 선용해서 그 꿈을 이루게 하셨구나' 라는 것을 다시 한

번 자각하는 시간을 가질 수 있었다. 우리는 요셉을 통해 20여 년 세월의 고통과 쓰라린 앙금, 절망이 성숙으로 자리 매김하는 모습을 보게 된다.

변화를 기대하라

> 위대한 사람은 자신의 변화를 두려워하지 않을 뿐 아니라
> 다른 사람의 변화에 대한 기대감을 갖고 있다.

자신을 애굽에 팔아넘긴 형들이 찾아왔다. 만약 우리에게 이런 상황이 벌어진다면 어떻게 하겠는가? 요셉은 스스로를 절제할 줄 아는 사람이었는데, 하나님의 꿈에 대해 분명한 확신을 가졌기 때문이다. 또한 요셉은 하나님의 변화를 기대하고 사람의 변화를 기대했다. 오랜 시간 하나님은 그 고통을 통해 요셉의 인생을 변화시키고 신분도 변화시켜 주셨다. 인생의 가치와 목적을 완전히 변화시켜 주셨다. 요셉은 변화에 대한 기대감을 갖고 있는 사람이었으며, 결코 변화를 두려워하지 않았다.

엘머 타운즈Elmer Towns는 "위대한 사람은 변화를 두려워하지 않는다"라고 말했다. 위대한 사람은 자신의 변화를 두려워하지 않을 뿐 아니라 다른 사람의 변화에 대한 기대감을 갖고 있다.

그는 자신이 변했기 때문에 형들도 변했을 거라는 기대감을 갖고 있었다. "나는 변했지만, 너는 안 돼!" "나는 형통의 자리에 와 있지만, 너는 절대 안 돼!"라는 생각은 사람의 것이다. 그래서 어느 정도 성취감을 가진 사람은 자신은 완벽하지만 다른 사람은 부족하다고 생각하기 쉽다.

그러나 요셉은 변화를 꿈꾸고 있으며 변화를 기대하고 있었다. 형들의 외모가 변하고 나이만 먹은 것이 아니라 그들의 인격과 삶의 가치도 변했을 것이라는 희망을 가졌다. 자신이 변한 것 이상으로 형들도 변했을 것이라고 생각했다. 더 나아가 그는 그 변화의 조짐을 찾기 위해 세심하게 형들을 관찰하기로 했다. 변화를 보고 가능성을 보고 어떻게든 긍정적인 모습을 보려고 애썼다.

그는 시치미를 뚝 떼고 형들을 심문하기 시작했다. 슬쩍슬쩍 위협도 하면서 그들이 본심을 드러내도록 유도했다. 이것은 그들의 약점을 찾기 위해서가 아니라 그들의 장점을 찾고 그들의 변화된 모습을 조금이라도 찾고 싶은 요셉의 간절한 바람이었다. 요셉은 형들에게 정탐꾼이라고 소리쳤다. 그러자 형들은 아니라고 부정했다. 만약 정탐꾼으로 몰리게 되는 날이면 그들의 운명은 그걸로 끝이었다. 애굽이라고 해서 전쟁의 위협이 없었던 것은 아니다. 기근 때문에 전쟁이 일어나기도 했던 것이다.

많은 난민 속에 호시탐탐 애굽을 정복하려는 정탐꾼이 있었기 때문에 곡식을 파는 것 못지않게 그들을 살피는 것도 중요한 일이었다. 요셉이 그들을 정탐꾼으로 몰아붙이면서 여러 가지 대화가 오고 갔을 것이다. 요셉이 "정탐꾼이 아니면 왜 남자만 열 명 왔느냐? 온 가족이 함께 와서 여기서 기근을 피해야 될 것 아니냐? 그리고 너희 열 명은 어떤 관계냐?"라고 묻자 형들은 형제임을 고백했다. 그리고 마음속에 있는 말이 툭 튀어나와 본래 열두 형제였는데, 그중에 하나는 실종되고 나머지 하나는 집에 남아 있어 열 명만 왔다고 말했다. 그러자 요셉은 그들이 베냐민에 대해 어떤 감정을 갖고 있는지 알고 싶었다. 그래서 아홉 사람을 애굽에 잡아 놓고 나머지 한 사람이 가서 그 막냇동생을 데려오라고 명령했다.

사흘 후 요셉은 다시 그들을 회유하기 시작했다. 한 사람만 남고 나머지 아홉 사람은 곡식을 가지고 갔다가 일단 먹고 산 다음에 다시 곡식을 사러 올 때 그 막냇동생을 데려오라고 말하고 나서 한 사람만 볼모로 요구했다. 이런 밀고 당기는 과정을 통해 요셉은 그들에게 나타난 변화의 조짐을 아주 세심하게 살폈다. '형님들이 좀 변했겠지, 그들도 뭔가 뉘우침을 가졌을 거야!'라는 기대감을 갖고 말이다.

이때 그들의 마음속 깊은 곳에 감춰져 있던 죄의식이 나타났. "그들이 서로 말하되 우리가 아우의 일로 말미암아 범죄하였도다 그가 우리에게 애걸할 때에 그 마음의 괴로움을 보고도 듣지 아니하였으므로 이 괴로움이 우리에게 임하도다 르우벤이 그들에게 대답하여 이르되 내가 너희에게 그 아이에 대하여 죄를 짓지 말라고 하지 아니하였더냐 그래도 너희가 듣지 아니하였느니라 그러므로 그의 핏값을 치르게 되었도다 하니."창 42:21-22

막다른 위기에 봉착하자 그들의 마음속에 있던 앙금이 드러났다. 그것은 처절한 죄의식이었다. 20년도 더 지난 죄의식이었다. 장남 르우벤은 "그때 요셉에게 그렇게 못된 행동을 하는 것이 아니었어"라고 말했다. 열 형제가 모두 '그때 우리가 그 아이에게 범죄하지 않았느냐? 이제 그의 핏값을 치르게 되는구나' 라는 생각 때문에 고통을 겪고 있었다. 혹독한 죄의식 때문에 형들의 가슴속에 불이 붙어 그들의 영혼을 태우고 있었다.

용서를 구하라

하나님이 원수를 사랑하라고 말씀하신 것은 원수를 사랑하지 않고서는
우리 마음에 자유함이 없기 때문이다.

우리는 은혜를 기억하되 상처는 과감하게 떨쳐버려야 한다. 누군가에게 상처를 준 일이 있다면 용서를 구하라. 그것은 그 사람을 위해서가 아니라 당신 자신을 위해서다. 용서받을 때 비로소 우리 마음에 자유함이 있기 때문이다. 용서받지 않으면 우리 마음속에 자유함은 존재하지 않는다.

인생을 살다 보면 서로 간에 해를 끼칠 때가 있으므로 용서 구하는 것을 두려워하지 말아야 한다. 용서를 구하는 것은 용기 있는 사람만이 할 수 있는 행동이다. 특히 부부 생활에서 우리는 용서를 많이 구해야 한다.

잘못된 문제로부터 정말 자유로워지고 싶다면 지금이라도 용서를 구하라. 평생 동안 용서를 구하라. 왜냐하면 잘못된 그 행동으로 한

사람의 영혼 속에 지울 수 없는 가혹한 고통을 안겨 주었기 때문이다. 적어도 죄책감을 갖는 사람에게는 희망이 있다. 그것조차 없는 것이 바로 문제다.

상처를 준 사람의 고통

우리가 당하는 모든 어려움과 위기는 죄 때문에 일어난 것만은 아니다. 가슴속에 뭔가 얹혔다는 느낌이 들거나, 곤고함과 기도가 막힐 때 한 번 스스로를 점검해 보라. 혹시 누구에게 상처를 준 일이 없는지 살펴보라는 말이다. 본의 아니게 상처를 줘서 한 사람의 영혼에 큰 고통을 가하지 않았는지 잘 살펴보기 바란다. 하지만 문제는 상처를 받은 사람 못지않게 상처를 준 사람에게도 그 상처는 오랫동안 기억된다는 사실이다.

큰 상처를 주었다는 기억을 지우지 못한 채 오랫동안 고통당하고 있는 사람을 볼 수 있다. 요셉의 형들은 20년 넘게 작은 어려움이 있을 때마다 그 생각을 떠올렸을 것이다. 요셉은 애굽에 끌려와 힘겹게 고난을 통과하느라 어느 때는 형들에 대한 원망을 잊고 지냈다. 너무 힘들고 고통스러워서 어느 때는 잊고 살았다.

반면에 형들은 온종일 양떼를 끌고 다니면서 우두커니 앉아 있을 때마다 그들의 영혼을 파고드는 죄책감에 시달렸을 것이다. 서로 말은 하지 않았지만 눈빛만 봐도 서로의 고통을 느낄 수 있었다. '그러는 게 아니었는데, 그땐 너무 경솔했어. 그때 우리가 왜 그랬을까' 라는 생각을 했다. 그들은 회한을 곱씹으면서 20여 년을 살아왔다. 옛 속담에 "맞은 사람은 발 뻗고 자지만, 때린 사람은 발 뻗고 못 잔다"라는 말이 있다. 상처받은 사람의 상처도 크겠지만, 상처를 준 사람도 상처를 안고 살아가야 한다. 형들은 20여 년 동안 드러내 놓고 말은 못했지만, 가슴속에 한이 있었다. 큰 고통이 자리 잡고 있었다.

용서를 통한 자유함

"그들 사이에 통역을 세웠으므로 그들은 요셉이 듣는 줄을 알지 못하였더라." 창 42:23

형들이 통역관을 통해 모든 고통을 이야기할 때 요셉은 마냥 듣고 있었다. 그는 형들에게도 상처가 있다는 것을 느끼고 그들을 이해하는 마음을 가졌다.

"요셉이 그들을 떠나가서 울고 다시 돌아와서 그들과 말하다가 그들 중에서 시므온을 끌어내어 그들의 눈 앞에서 결박하고." 창 42:24

요셉은 형들의 이야기를 듣고 허겁지겁 그 자리를 떠났다. 눈물이 북받쳐 울었는데, 무슨 이유 때문에 눈물을 흘린 것일까? 분해서, 미워서, 드디어 원수 갚을 때가 와서 너무 통쾌했던 것일까? 자신만 상처가 큰 줄 알았는데 정작 형제들은 수십 배의 상처를 안고 있다는 것을 알고 난 후 그들이 너무 불쌍해 울지 않았을까? 혹시 자신이 그들을 미워했던 때가 있었다는 사실 때문에 '아! 그들을 미워하지 않았어야 했는데……'라고 생각하지 않았을까? 그는 상처를 준 사람의 고통을 어느 정도 이해했기 때문에 눈물을 흘릴 수 있었다.

그리고 하나님께서 왜 이런 고통을 주셨는지도 이해했다. 형들이 하나님의 도구였다는 사실을 깨닫게 되었다. 요셉은 형들이 자신을 비전의 정상에 서게 하기 위한 하나님의 도구였다는 것을 인식하고 난 다음 그들에게 가련한 마음을 가졌다. '내가 무엇인데, 이렇게 날 사랑하셔서 저들조차 악한 도구로 만들어 나를 세우셨을까'라고 생각하며 그들에게 새로운 연민의 정을 느꼈다. 기억하라. 때로는 악한 자도 우리를 만들어 가기 위한 하나의 도구가 된다는 사실을 말이다.

우리는 자신에게 상처를 준 사람을 쉽게 잊어버리지 못한다. 우리는 고통을 준 그 가해자를 오랫동안 기억한다. 그들을 가슴속에 심어놓고 한으로 곱씹을 때가 있다. 이때 한 가지만 기억하라. 우리를 하나님의 사람으로 완성하기 위해, 하나님의 위대한 비전의 사람으로 세워 가기 위해 하나님이 그들을 사용했다는 사실을 말이다.

미움은 파괴하는 능력을 가졌다. 문제는 그것이 상대방을 파괴하는 것이 아니라 먼저 우리 자신을 파괴한다는 것이다. 우리에게는 사랑할 시간도 부족하다. 사랑만 하고 살기에도 인생은 짧다. 미워하는 마음에는 자유하는 마음이 없으며, 미워하는 마음에는 감격도 없다. 미움을 품고 악감정을 품고 쓴 뿌리로 인생을 살기 시작하면 우리 마음은 그야말로 짐승같이 되고 만다. 짐승 이하의 삶이 되고 만다.

기억하라. 예수님은 우리의 죄뿐 아니라 우리가 짐승처럼 살지 않도록 하기 위해 죽으셨다. 우리가 아직 죄인이었을 때 예수께서 죽으심으로 우리에게 대한 하나님의 사랑을 확증하셨다. 우리는 죄인이고 원수이고 무가치한 존재였다. 이런 우리를 대신해 예수님이 죽으신 이유가 무엇일까? 다시 정죄당하지 않고 억압당하지 않고 죄의 포로나 한恨의 포로가 되지 않도록 하기 위해서였다.

지금 우리는 어떤가? 자유해야 한다. 하나님이 원수를 사랑하라고 말씀하신 것은 그들이 예뻐서가 아니다. 우리가 너무 존귀하기 때문이다. 원수를 사랑하지 않고서는 우리 마음에 자유함이 없기 때문에 사랑하라고 말씀하신 것이다.

누군가에게 상처 준 일이 있다면 솔직하게 용서를 구하라. 오래전 일이라면 지금이라도 가서 용서를 구하라. 만약 누군가 용서를 구한다면 그를 진심으로 용서하라. 아니 용서를 구하기 전에 먼저 용서하라. 지금 마음속에 원망을 갖고 있는가? 한을 품고 있는가? 고통에 괴로워하고 있는가? 대부분의 사람들은 한과 원망을 갖고 있다. 그래서 때로는 좌절하고 낙심하는지도 모른다.

그러나 예수님은 우리의 모든 고통을 선용하셔서 위대한 비전을 이루게 하신다. 예배를 드릴 때마다 이런 감격이 회복되어야 한다. 예배를 드릴 때마다 십자가 앞에서 이런 감격이 회복되어야 한다. 우리의 죄뿐 아니라 모든 상처를 치유하신 주님 앞에 찬양하며 하나님의 용서를 선포하며 살아야 한다. 그때 비로소 우리는 위대한 비전의 현장에 설 수 있다.

진실을 정확하게 표현하라

누군가를 설득하기에 앞서 자기 마음속에 분명한 진실을 담고 있어야 한다.
그리고 그 진실을 언어를 통해 상대방에게 정확하게 표현할 줄 알아야 한다.

다음 이야기는 펄 벅의 『대지』에 나오는 내용이다.

왕룽이라는 청년이 있는데, 그는 부잣집에서 가정부로 일하는 오란이라는 아가씨와 결혼하게 되었다. 이들의 간절한 소망은 지금까지 손바닥만한 땅도 소유하지 못하고 살아왔던 이 가난을 벗어나고 싶다는 것이었다. 그래서 두 사람은 있는 힘을 다해 농사를 지었다. 부지런히 일해 돈이 모이자 땅을 사 모으기 시작했다. 오랜 시간이 흘러 그들은 넓은 땅을 소유하게 되었다.

그런데 부자가 된 왕룽은 농사를 지으며 누렸던 기쁨을 잊어버리고 레나라는 첩을 들여 세상이 주는 쾌락을 탐닉하기 시작했다. 이처럼 집이 부요해지자 큰아들도 홍등가를 드나들며 방탕한 생활에 빠져 지냈다. 또한 부부 사이에 깊은 앙금이 생겨나기 시작했다. 아내는 남편이 남편 구실을 못한다고 생각하고, 남편은 남편대로 아내가 역할을 못한다고 여겼다.

왕룽과 오란 사이에 갈등이 심화되자 또 다른 문제가 발생했다. 아들이 아버지의 첩과 떳떳하지 못한 일을 벌였던 것이다. 이를 눈치 챈 왕룽이 그 첩의 벽장 속에 숨어 있다가 현장을 잡았다. 이런 상황에서 왕룽의 가정은 풍비박산이 날 지경에 처하는데 때마침 결실을 앞둔 논밭에 메뚜기 떼가 몰려온다. 온 하늘을 새까맣게 뒤덮은 메뚜기 떼에 맞서 왕룽의 가족은 횃불을 치켜들고 사투를 벌인다. 밤새워 이리 뛰고 저리 뛰는 가운데 모두가 지쳐 쓰러진다. 수확에 많은 손실을 보았지만 이 역경을 통해 왕룽의 가족은 밝아오는 아침과 함께 다시 하나가 되기 시작한다.

극단적인 대화

애굽에 곡식을 구하러 갔다가 시므온을 볼모로 남겨놓고 집으로 돌아온 요셉의 형들은 아버지한테 이 상황을 자세히 보고했다. 그들은 구해 온 곡식 자루를 앞에 놓고 아버지와 이야기를 나눴다. 돌아온 아들들을 통해 소식을 들은 야곱은 강한 탄식을 드러낸다. 아마도 그는 세상을 많이 산 사람으로서 뭔가 심상치 않다는 직감을 가졌을 것이다.

"각기 자루를 쏟고 본즉 각 사람의 돈뭉치가 그 자루 속에 있는지라 그들과 그들의 아버지가 돈뭉치를 보고 다 두려워하더니." 창 42:35

돌아온 아들들이 자신들이 구해 온 곡식을 다 쏟았을 때 그 곡식 자루에서 돈뭉치가 나왔다. 한 사람씩 돈을 내고 그 곡식을 들고 왔는데 집으로 돌아와 쏟아 보니 돈이 그대로 들어 있었다. 우리는 아마 수지맞았다고 좋아했을 테지만, 지금 시므온이라는 아들이 볼모로 잡혀 있으니 마냥 좋아할 일만은 아니었다. 그리고 정탐꾼이라는 누명을 쓰고 있는 상황이 아닌가.

그들이 정탐꾼이 아니라는 것을 검증하기 위해서는 막내를 데리고 가야 하는데, 이때 돈뭉치가 발견된 것이다. 야곱은 이것 때문에 위기감을 느꼈다. 문제의 심각성을 감지한 것이다. 더구나 이런 상황에서 베냐민을 데려가야 한다고 생각하니 시므온도 잃고 베냐민도 잃게 될지 모른다는 두려움이 밀려왔다. 나이를 먹는다는 것은 두려움이 많아진다는 것 아닌가. 쓸데없는 노파심에 별 것 아닌 것이 가슴속에 큰 문제로 다가온다.

"르우벤이 그의 아버지에게 말하여 이르되 내가 그를 아버지께로 데리고 오지 아니하거든 나의 두 아들을 죽이소서 그를 내 손에 맡기소서 내가 그를 아버지께로 데리고 돌아오리이다." 창 42:37

두려워하는 아버지 야곱에게 르우벤이 간청했다. 언뜻 봐도 르우벤의 말이 심상치 않음을 알 수 있다. 그는 상당히 극단적인 말을 했다. 이는 쉽게 할 수 있는 말이 아니었다. "베냐민을 데리고 가지만, 아버지 염려하지 마세요. 제가 꼭 데리고 오겠습니다"라고 말해도 충분할 텐데 자신의 두 아들을 죽이라고까지 말했다. 우리는 여기에서 이 가정에 뭔가 심상치 않은 사정이 있음을 느낄 수 있다. 서로 간에 앙금이 남아 있어 대화가 단절되었다는 것을 알 수 있다. 서로의 마음속에 좋지 않은 감정이 있다는 것을 느낄 수 있다.

부부 사이에 감정이 좋으면 그 대화가 부드럽고, 앙금이 있으면 그 대화는 날카롭게 들린다. 예를 들어 아이가 시험을 못 봐서 점수가 떨어졌다고 하자. 이때 서로 간에 부드러운 대화가 있는 집이라면 "다음 번에는 좀 더 열심히 해보자. 엄마와 아빠가 격려해 줄게"라고 말하며 따뜻하게 위로해 줄 것이다. 그런데 평소 앙금이 쌓였던 집이라면 남편은 아내를 향해 "여자가 말이지, 도대체 뭘 하고 있었기에 아이 공부가 이 지경이야?"라고 화를 낸다. 아내는 "아니 누구 닮았는데? 우리 집안에는 이렇게 머리 나쁜 사람 없어"라고 대든다. 결국 가족 간에 갈등의 골만 깊어진다.

르우벤의 극단적인 말을 통해 우리는 이들 부자가 좋은 관계가 아니라는 것을 알 수 있다. 실제로도 그랬다. 르우벤은 장남이긴 하지만 아버지한테 심각한 상처를 입혔다. 자기 서모 빌하와 통간해서 아버지의 침상을 더럽혔던 것이다. 르우벤은 그 일로 아버지에게 큰 상처를 주었다. 20년의 세월이 흐르고 그 아들도 노년에 접어들었지만, 아직까지 앙금이 남아 있었다. 그 앙금으로 인해 서로에 대한 신뢰가 형성되지 않아 극단적인 이야기까지 나오게 된 것이다. 오래된 앙금 때문에 서로에게 선뜻 마음을 열지 못했지만, 그래도 르우벤 쪽에서는 나름대로 시도를 했다. "자기 아들을 죽여 달라"는 말까지 하면서 베냐민을 향한 애틋한 정을 내보였던 것이다. 이 대화를 통해 우리는 그간의 앙금을 털어버리고 해소하려는 르우벤의 간절한 시도를 엿볼 수 있다. 하지만 이런 르우벤의 간곡한 청을 야곱은 일언지하에 거절했다.

"야곱이 이르되 내 아들은 너희와 함께 내려가지 못하리니 그의 형은 죽고 그만 남았음이라 만일 너희가 가는 길에서 재난이 그에게 미치면 너희가 내 흰 머리를 슬퍼하며 스올로 내려가게 함이 되리라."
창 42:38

야곱은 타협점을 찾을 수 없을 정도로 완강하게 거절했다. 그 후 기근이 더욱 심해지고 애굽에서 가져온 곡식이 바닥나고 말았다. 그들은 이제 굶어 죽을 수밖에 없었다.

그러자 야곱은 자식들에게 "다시 가서 우리를 위하여 양식을 조금 사오라"고 명했다. 한꺼번에 가서 양식을 사오면 정체가 드러날 테니 한 명이나 두 명이 용감하게 내려가서 조금만 사오라고 했다. 하지만 이미 갔다 왔던 아들을 다시 보낼 수는 없었다. 애굽의 총리가 기다리고 있을 텐데 한두 명 간다고 그들의 정체가 드러나지 않겠느냐는 것이었다.

이때 유다가 나서서 "그 사람이 우리에게 엄히 경고하여 이르되 너희 아우가 너희와 함께 오지 아니하면 너희가 내 얼굴을 보지 못하리라 하였으니"창 43:3라고 이야기했다. 애굽의 총리가 막내를 데려오지 않으면 절대 자신의 얼굴을 보지 못할 것이라고 엄히 경고했다는 사실을 아버지에게 고했다. 유다는 "베냐민을 데려가지 않으면 우리는 절대로 가지 않을 겁니다. 우리끼리 간다면 그대로 잡혀 정탐꾼의 누명을 쓰고 어쩌면 종으로 팔려갈지도 모릅니다. 또 우리가 내려가지 않으면 가족 전부가 굶어 죽게 될 것입니다"라고 말해 아버지한테 분명하게 현실을 인식시켰다.

솔직하고 정감 있는 대화

설득은 참으로 중요하다. 가정 안에 어떤 문제가 있을 때 그것을 정확하게 파악하는 사람이 있다는 것은 다행스러운 일이다. 영적으로 깨어 있는 사람이 꼭 필요하다.

데일 카네기Dale Carnegie의 『인간관계론』에서는 대화할 때 서로 간의 신뢰가 중요하다고 말했다. 1936년 출간된 이 책은 70년 넘게 계속 출간되고 있다. 연구소를 중심으로 인간관계를 효과적으로 이어갈 수 있는 방법을 연구해서 발표했는데, 이 책에서 말하고 있는 인간관계론의 핵심은 세 가지다.

첫 번째는 다른 사람의 이야기를 진심으로 경청하라는 것이다. 눈과 눈을 맞대고 경청하는 것이다. 이야기할 때 자신의 말을 듣지 않는다고 생각되면 신뢰가 생기지 않기 때문이다. 가장 가까운 부부 사이에서도 경청은 참 중요하다. 두 번째는 상대방과 논쟁해 이기려 하지 말라는 것이다. 다른 견해를 말할 때 너와 내가 다르다는 사실을 인정해야만 한다. 논쟁을 할 때 이기려고 하면 갈등이 생기기 때문이다. 세 번째는 상대방을 비난하지 말고 진심으로 칭찬하라는 것이다. 분명히 칭찬인데 기분이 나쁠 때가 있다. 상대방의 말을 경청하지 않으면 그의 가슴속에 앙금이 남을 위험이 있다는 것이다.

누군가를 설득하기에 앞서 자기 마음속에 분명한 진실을 담고 있어야 한다. 그리고 그 진실을 언어를 통해 상대방에게 정확하게 표현할 줄 알아야 한다. 그러면서 현실 그대로 그 사람에게 전달해 줄 필요가 있다. 결론적으로 항상 소망을 담아 "현실은 이렇게 힘들긴 하지만, 우리가 이렇게 하면 반드시 좋은 결과를 얻을 것입니다"라고 제안할 수 있어야 한다. 이것은 사람의 관계에서도 그렇고 상술에서도 참 중요하다.

예전에 심방을 가는 도중 복숭아를 사려고 과일가게에 들렀다. 바빠 정신이 없었던 주인아저씨가 "죄송합니다. 조금만 기다려 주세요"라고 말했다. 그래서 한참 기다렸는데, 조금 더 기다려 달라고 부탁했다. 그러면 하나 더 주겠다고 해서 또 기다렸다. 우리 순서가 되자 아저씨가 "이 복숭아 어디 가져가실 거예요?"라고 물었다. 그래서 병원에 가져갈 거라고 했더니 "연세가 어느 정도 되시는데요?"라고 다시 묻는 것이었다. 오십이 넘었다고 대답하자 이번에는 "그러면 이가 시원치 않을 테니 저쪽 것으로 가져가세요. 이것이 좀 말랑말랑하거든요"라고 설명해 주었다. 그리고 다른 복숭아를 꺼내 주면서 새로 들어왔는데 참 맛있다고 말했다. 처음에는 몇 개만 사려고 했는데 한 박스를 사고 말았다. 그 아저씨에게 뭔지 모르게 끌린 것은 아마도 신뢰감 때문이었을 것이다.

부부 사이에도 신뢰를 심어 줄 수 있는 대화가 필요하다. 가족 사이에도 그런 대화가 필요하다. 극단적인 말이나 거짓으로 포장된 대화는 상대방의 마음속에 좋지 않은 여운을 남기므로 솔직하고 정감 있게 대화를 나눌 필요가 있다.

유다는 아버지에게 솔직하고 정감 있게 이야기했다. 상황을 정확하게 인식시켜 줌으로써 아버지로부터 신뢰감을 얻었다.

"유다가 그의 아버지 이스라엘에게 이르되 저 아이를 나와 함께 보내시면 우리가 곧 가리니 그러면 우리와 아버지와 우리 어린 아이들

이 다 살고 죽지 아니하리이다."창43:8

위기는 위기이고, 문제는 문제다. 하지만 이 문제를 극복하지 않으면 우리 가족은 살 수 없다는 이야기를 하고 있다. 물론 이렇게 이야기하면서 아버지의 원망과 비난을 감수해야 했다.

야곱은 "너희가 어찌하여 너희에게 또 다른 아우가 있다고 그 사람에게 말하여 나를 괴롭게 하였느냐"라고 하면서 원망과 불평을 자식들에게 퍼부었다. 우리는 누군가를 원망하거나 어떤 문제에 대해 불평할 때 마음이 통하는 사람한테 이를 털어놓는다. 통하지 않는 사람에게는 그런 말을 하지 못한다. 그런데 유다는 포용력을 가진 대화가 통하는 사람이었다.

"아버지, 저희는 전혀 몰랐어요. 총리라는 사람이 가족에 대해 묻기에 단순하게 대답했을 뿐인데, 누가 이렇게 될 줄 알았겠어요? 분명히 뭔가 문제가 있긴 하지만, 저를 믿고 맡겨 주세요. 제가 베냐민을 데리고 가서 반드시 그 아이와 함께 돌아오겠습니다. 제 생명을 걸고 맹세합니다. 저를 믿어 주세요."

하나님의 은혜 앞에 철저히 위탁하라

우리는 약함을 통해 작은 것조차 하나님의 도움 없이는 안 된다는 사실을 인정하게 된다.
하나님께 철저하게 우리의 삶을 위탁하는 것이다.

우리는 눈앞의 위기를 통해 좀 더 멀리 바라볼 수 있는 시야를 가져야 한다. 리처드 바크Richard Bach의 『갈매기의 꿈』을 보면 "가장 높이 나는 새가 가장 멀리 본다"라는 유명한 이야기가 나온다. 위기에 처할수록 우리는 좀 더 하나님을 바라볼 필요가 있다. 그리고 좀 더 멀리 바라보아야 한다.

너무 근시안적으로 바라보면 지금 닥친 문제밖에 보이지 않는다. 성경은 수많은 위기를 이야기해 준다. 그런데 하나님의 놀라운 역사는 그 위기들 다음에 나타난다. 위기가 있고 난 다음에 하나님의 강력한 역사가 나타나는 것이다. 이는 위기가 없으면 강력한 역사도 아무 의미가 없다는 것을 말해 준다. 허드슨 테일러Hudson Taylor는 "하나님을 의존할 만큼 충분히 연약한 사람을 하나님이 사용하신다"라고 했다. 이처럼 어두워져야만 인간은 별을 볼 수 있다. 주위가 충분히 어두워질 때 자신의 한계를 인식하게 되고, 그때부터 하나님께 도움 주실 것을 고백하고, 그 결과도 선언하게 된다는 말이다.

한계의 순간에 나타난 하나님의 역사

이스라엘 백성의 출애굽 사건을 떠올려 보라. 그리고 출애굽 후 사흘 동안 길을 걸어 홍해에 도착한다. 그들 앞에는 홍해의 푸른 물이 길을 막고 있고 설상가상으로 뒤에 애굽의 군대가 추격해 오고 있다. 난관에 봉착한 그들은 절규하며 모세에게 "아니 애굽에 매장지가 없어서 우리를 이곳까지 끌고 왔느냐"라고 항의했다. 이것이 현실이다. 그때 절규하는 이스라엘 민족 앞에서 모세는 "이스라엘 백성이여! 너희는 가만히 서서 여호와 하나님이 어떻게 너희를 구원하시는지 구경하여 보라"고 외쳤다. 그러고 나서 하나님의 명령으로 지팡이를 바다 위로 내밀자 바다 가운데 길이 열렸다.

얼마나 드라마틱한 일인가! 우리 인간의 한계를 벗어났을 때 하나님의 역사가 드러난다. 이를 통해 우리는 하나님이 우리 삶 속에 역사를 행하셨다는 것을 비로소 검증하고 고백하게 된다. 만약 이스라엘 민족이 홍해까지 왔을 때 이미 홍해가 갈라져 있었다면 어떤 느낌이었을까? 감격하면서 하나님의 기적이라고 느꼈을까?

우리는 약함을 통해 작은 것조차 하나님의 도움 없이는 안 된다는 사실을 인정하게 된다. 하나님께 철저하게 우리의 삶을 위탁하는 것이다. 이처럼 위기는 도리어 기회가 될 수 있다.

위기가 닥쳤을 때 많은 사람이 망연자실한다. 절망하여 그 자리에 주저앉아 낙담하고 좌절한다. 야곱도 한동안 좌절하여 본능적으로 행동했다. 되는 대로 말하고 끊임없이 원망하고 낙심했다. 위기 가운데서 우리의 본성이 여지없이 드러난다. 우리 신앙의 약한 면이 여지없이 드러난다. 이것이 우리 인간의 한계다.

이때 우리는 고백해야만 한다. 주님께서 우리를 붙들지 않으시면 이 정도도 안 된다는 사실, 주님께서 우리를 붙드시고 인도하시기 때문에 그나마 이 정도 가능하다는 것을 고백해야 한다. 우리는 원래부터 안 되는 존재가 아닌가. 믿음조차도 우리가 처음부터 믿은 것이 아니다. 신앙조차도 우리가 결단하고 의지해서 된 것이 아니다. 하나님의 은혜가 없다면 모두 불가능한 일이다.

때로는 위기 가운데 이런 사실을 인식해야 한다. 인간의 한계를 드러내는 순간 반전되어 하나님의 강력한 역사가 드러나기 시작한다. 야곱이 주저앉아 낙심한 순간, 하나님의 강하신 손이 그를 붙들어 주셨다. 그러자 야곱은 이렇게 고백한다.

"네 아우도 데리고 떠나 다시 그 사람에게로 가라 전능하신 하나님께서 그 사람 앞에서 너희에게 은혜를 베푸사 그 사람으로 너희 다른 형제와 베냐민을 돌려보내게 하시기를 원하노라 내가 자식을 잃게 되면 잃으리로다."창 43:13-14

위기를 통해 그의 한계가 드러나고 약함이 드러났다. 그러나 하나님의 사람에게는 이 약함을 통해 하나님께 나아가는 강력한 대처 방안이 생긴다. 야곱이 지금까지 위기를 통해 기도했다는 고백이 나오지 않았다. 하나님을 의지했다는 고백도 나오지 않았다. 자중지난에 빠져 있다가 그는 시간이 지나면서 서서히 하나님의 임재 앞에 무릎을 꿇었다. 하나님을 향한 신앙으로 새롭게 태어나기 시작했다.

야곱의 말 중에 주목할 것이 있다. 그것은 '전능하신 하나님'이다. 지금 야곱 자신은 문제 앞에 서 있지만, 하나님은 이 모든 문제보다 크시다는 것을 그는 확신하고 있었다. 하나님에 대한 새로운 인식이 생겨났다. 현실만 바라보고 절망하는 것이 아니라 전능하신 하나님, 지금껏 자신의 인생을 책임져 주시고 인도해 주신 하나님에 대한 새로운 인식이 생겨난 것이다.

또 다른 하나는 '은혜를 베푸사' 라는 것이다. 누가 은혜를 베푸신다는 말인가? 총리가 된 그 사람 앞에서 하나님이 은혜를 베푸셨다는 말이다. 이는 하나님의 은혜를 간절히 사모하는 모습이었다.

그리고 또 한 가지는 '자식을 잃게 되면 잃으리로다' 라는 말이다. 잃게 되면 잃게 된다는 것은 포기나 타협이 아니다. 이들 말씀을 보면 야곱이 큰 위기 속에서 절망을 경험하긴 했지만, 그의 약한 본성이 드러나긴 했지만 이 과정을 통해 대전환을 이루고 있다는 사실이다. 하나님을 철저하게 의지하고, 하나님을 신뢰하는 방법밖에 다른 것이 없다는 사실을 그는 선언하고 있다. 주님께 자신의 삶을 위탁한 것이다. 하나님의 은혜를 사모하고 그분의 은혜 앞에 철저히 위탁할 때 하나님의 강한 능력의 역사가 나타나기 시작한다.

대화와 희생을 통한 관계 회복

지금 이 가정은 어려움 가운데 있지만, 위기를 통해 하나님의 새로운 기회를 맛보고 있다. 위기가 가져다준 유익이 무엇인가? 위기가 야곱의 가정에 가져다준 아름다운 결과는 무엇인가?

첫째, 대화를 통해 관계가 회복되었다.

이제는 상식과 마음이 통하는 대화를 나눌 수 있게 되었다. 이 가정에 대화의 물꼬가 트였다. 상처받은 아버지와 상처를 주었던 아들 사이에 대화가 시작되고, 형제 간에도 서로 대화를 나누기 시작했다. 위기는 야곱의 가족들이 대화를 나눌 수 있도록 문을 열어 주시는 하나님의 기회였다.

위기와 맞닥뜨렸을 때 입을 다무는 것은 어리석은 짓이다. 그럴수록 중보를 요청하라. 창피해서 속으로 끙끙 앓는데, 주님 앞에 창피한 것이 있단 말인가. 사람은 정말 어려우면 하나님밖에 찾을 대상이 없다. 이때는 하나님께 도움을 구해야만 한다. 다른 사람에게 중보 요청을 해야 한다. 가슴속에 담아 두지 말고 "지금 곤고합니다. 저를 위해 기도해 주십시오"라고 고백해야 한다.

그리고 어려움 속에서 신뢰가 회복되었다. 금이 가 있던 서로의 관계에서 신뢰가 조금씩 싹트기 시작했다. 불신의 관계가 신뢰의 관계로 재정립되기 시작했다. 더 나아가 화목한 가정으로 서서히 변화하기 시작했다. 이들은 오래전 시기와 질투 때문에 동생을 노예로 팔아먹은 사람들이다. 그런데 이제는 동생을 위해 자신을 아낌없이 내던지려 하고 있다. 동생을 위해 자기 생명을 담보로 걸었다. 예전에 볼 수 없던 아름다운 모습이었다. 위기를 통해 그들은 한데 뭉치는 모습을 보여 주었다.

둘째, 책임과 희생을 스스로 감내하는 모습으로 변화되었다.

스스로 희생을 감수하고 책임을 감수하게 되었다. 이때 무엇보다 중요한 것은 이 가정 전체가 하나님을 향해 철저하게 더 무릎 꿇기 시작했다는 사실이다. 위기를 통해 인생의 주권자인 하나님을 향해 자신의 인생을 위탁하고, 가정의 미래를 철저하게 위탁하게 되었다. 인생이 자신의 것이 아니라 하나님이 도우셔야만 가능하다는 것을 철저히 인식하게 되었다. 이는 하나님을 향한 믿음의 전진이다. 위기가 기회가 되어 하나님이 우리의 삶 속에 어떻게 구체적으로 역사하시는지 그 손길을 볼 수 있어야 한다. 위기와 역경 속에 하나님을 의지할 때 위기는 기회가 된다.

과거에 야곱의 가족을 회상해 보면 갈등과 분쟁이 있었다. 아버지와 자식들 간에 극단적인 말이 난무했지만, 이 과정을 통해 대화가 통하고 신뢰가 회복되었다. 상처가 치유되고 사랑이 회복되었다. 더 중요한 것은 하나님을 향해 그들이 삶에 새로운 가치관을 정립하기 시작했다는 점이다. 주님께 위탁하는 것밖에는 다른 방법이 없다는 것, 하나님이 인도하셔야 된다는 것, 이것만이 살길이라는 것을 확신하기 시작했다.

우리도 가끔 어려움을 겪는다. 물질 때문에 어려움을 겪고 질병 때문에 어려움을 겪는다. 원치 않은 갈등도 있다. 그때마다 어떤 결과가 나타나는가? 더 많은 앙금이 남게 되었는가, 갈등이 증폭되었는가, 미운 감정과 극단적인 관계가 계속되었는가? 하나님을 향해 우리 삶의 방향을 돌이켜야 한다. 하나님을 향해 삶의 길을 철저하게 돌이켜야 한다. 거기에 회복이 있기 때문이다.

우리 가슴속에 하나님의 회복이 있기를 소망한다. 대화가 통하고 관계가 회복되고 위기를 통해 새로운 하나님의 기회를 맛보는 역사는 오직 삶의 길을 주께로 돌이키는 것밖에 다른 방법이 없다.

3_ 화해 선언

우리 자신과도 화해하고 고통을 안겨 준 환경과도 화해하고
상처를 준 그 사람과도 화해를 나누라.
그 모든 현장이 지금의 우리를 존재하도록 했다는 것을 인정하라.
우리의 가슴속에 회복의 은혜가 있어야만 환경이 바뀐다.

과거와 화해하라

예수님은 우리의 죄뿐 아니라 우리를 진정으로 자유롭게 하기 위해 죽으셨다.
이것을 인정할 때 과거의 상처와 타협할 수 있고, 조금씩 회복되는 자아를 경험하게 된다.

로마 시대에 노예들이 반란을 일으켰던 역사적인 사건이 있다. 그 사건의 주모자는 검투사 출신의 스파르타쿠스Spartacus였다. 모든 노예를 규합해 자유를 얻기 위해 투쟁했지만 3년 만에 그들의 투쟁은 실패로 끝났다. 그들은 마지막 전투에서 패배해 로마군의 포로가 되었다. 그때 로마 군단의 지도자 크라수스가 스파르타쿠스를 색출해 내려고 포로 중에서 누구든지 그를 지적하면 처형을 중단하겠다고 제안했다. 그러면서 비록 다시 노예가 되긴 하겠지만 목숨은 부지하게 될 거라고 말했다.

바로 그때 스파르타쿠스가 벌떡 일어서면서 "내가 바로 스파르타쿠스다"라고 외쳤다. 그러자 그의 뒤를 따라 모든 노예가 "내가 스파르타쿠스다"라고 외쳤다. 결국 모두 로마로 향하는 가도에서 십자가에 처형당하고 말았는데, 그들을 통해 아름다운 동지애를 느꼈다.

요셉의 형들은 베냐민을 데리고 다시 애굽으로 내려왔다. 그들은 자기 아버지를 설득해 베냐민을 데리고 곡식을 구하러 애굽으로 내려와서 애굽의 총리 앞에 섰다. 총리는 정탐꾼이라는 누명을 씌운 것에 대한 보상처럼 보이도록 모든 형제를 자기 집으로 초청했다. 성대한 잔치를 벌여 놓고 그들을 환대했지만, 그 음식을 먹는 형들의 마음은 착잡하기 이를 데 없었다. 마지못해 초대에 응했으나 좌불안석이었다. 그들은 겉으로는 웃고 있지만 마음은 두려움으로 가득 차 있었다. 그런 가운데 요셉은 친동생 베냐민을 다시 보게 되었다.

"요셉이 눈을 들어 자기 어머니의 아들 자기 동생 베냐민을 보고 이르되 너희가 내게 말하던 너희 작은 동생이 이 아이냐 그가 또 이르되 소자여 하나님이 네게 은혜 베푸시기를 원하노라 요셉이 아우를 사랑하는 마음이 복받쳐 급히 울 곳을 찾아 안방으로 들어가서 울고." 창 43:29-30

이 구절을 통해 우리는 베냐민을 향한 요셉의 정을 느낄 수 있다. 또한 요셉의 품성이 고난과 역경을 통해 아름답게 완성되어 가고 있음을 알게 된다. 하나님의 비전의 사람은 인생 속에서 많은 고통을 겪고 눈물도 흘리지만, 그 고통과 눈물은 그를 왜곡시키지 않는다. 오히려 그 속에서 하나님을 향한 투명한 영혼을 만들어 간다는 것을 발견하게 된다. 요셉은 고난과 역경을 통해 하나님을 향한 아름다운 심성을 소유하게 되었다. 우리는 여기서 그의 몇 가지 품성을 발견하게 된다. 하나는 절제다. 성경은 고난과 환난을 통해 다듬어지고 조절되었다고 분명히 말씀하고 있다.

대부분의 사람들은 같은 고난과 환난이지만 이를 오히려 나쁜 과정으로 활용하는 경우가 종종 있다. 오히려 고난과 위기를 자신의 마음이나 삶 속에 독을 만들어 내거나 한을 품는 과정으로 만들어 가는 사람이 많다는 말이다. 결국 이것은 그들의 인생에 큰 고통이 된다. 환난과 고통보다 더 무서운 것은 그 환난과 고통이 가져다주는 처절한 앙금이다. 이는 가슴에 상처로 남는다.

노만 라이트Norman Wright는 "당신의 과거와 화해하라. 당신이 당한 모든 고통이나 슬픔이나 절망은 다른 것이 아니라 바로 당신 자신이다. 그러므로 그 모든 고통을 당신 자신으로 받아들이지 않으면 절대로 자유할 수 없다"고 말했다. 과거의 우리는 다른 사람이 아니다. 바로 우리 자신이다. 고통당하고 위기와 절망 가운데서 처절하게 유린당했던 사람은 바로 우리 자신이다. 결코 다른 사람일 수 없다. 이를 통해 우리의 삶에 풍성한 하나님의 형상을 만들어 내야 참된 복인데, 그렇지 못하고 그릇된 결과를 만들어 내는 것을 종종 보게 된다.

최현주 목사의 『위장된 분노의 치유』에서 보면 그의 아버지는 술주정뱅이였다. 폭력과 욕설이 난무하는 가정에서 자란 그는 열등감과 피해의식을 가슴에 품은 채 성장했다. 장성해 예수님을 믿고 은혜를 많이 받아 목사가 되었지만, 그 마음속에 있는 상처를 지우지 못했다. 열등감과 다른 사람에 대한 피해의식, 분노, 폭력적인 행동 등을 없애지 못했다. 그러다 보니 목회가 잘 되지 않았고, 부부 사이도 좋지 못했다. 나중에는 폭력적이고 이율배반적인 삶을 살게 되었다.

그러다가 그는 인생의 전환점에서 자신의 내면을 하나하나 되짚어 보게 되었다. 도대체 무엇이 자신을 이렇게 만들었는지 분석하던 중 어릴 때 당했던 고통과 상처 때문이라는 사실을 깨달았다. 이 모든 고통과 상처를 선용하지 않으면 자신의 인생이 더 악화되고 처절하게 주저앉으리라는 것을 알게 되었다. 그는 예수님이 우리의 죄와 허물뿐 아니라 모든 과거로부터 우리를 자유하게 하시기 위해 죽으셨다는 사실을 다시 한 번 발견하게 되었다.

이 점을 꼭 기억하라. 예수님은 우리의 죄뿐 아니라 우리를 진정으로 자유롭게 하기 위해 죽으셨다. 이것을 인정할 때 과거의 상처와 타협할 수 있고, 조금씩 회복되는 자아를 경험하게 된다.

요셉은 혹독한 환난과 배신감을 겪었다. 하지만 이런 과정을 통해 그는 하나님의 거룩한 성품의 사람으로 변화되었다. 그의 인격은 이전보다 훨씬 아름답게 변화되었다.

과거의 상처와 실패는 우리를 침체시키지 못할 것이다. 과거의 성공은 우리를 오만하게 만들지 못할 것이다. 우리는 매일 새롭게 전진할 것이며, 과거 중심적인 삶이 아닌 미래 지향적인 삶을 살 것이다.

끊임없이 나아가라

분명한 목표를 향해 끊임없이 나아가는 삶, 이것이 바로 온유다.
온유한 사람은 어떤 환난과 핍박이 다가와도 하나님을 향해 끊임없이 나아가는 삶을 산다.

비전의 사람은 시련이라는 물을 먹고 자란다. 이는 하나님이 하나님의 사람을 키워 가는 방법이다. 하나님은 시련이라는 물을 통해 우리 속에 있는 하나님의 품성을 개발하고 완성하도록 도우신다.

캐나다 로키산맥에 가면 단풍나무 군락지가 있다. 이 단풍나무들은 해발 3,000미터 이상에서만 자라는데 이 높이는 수목 성장 한계선으로 그 이상에서는 나무가 잘 자라지 못한다. 그런 곳에서 이 단풍나무가 자라고 있다. 100년, 200년이 지나면 추위와 바람 때문에 똑바로 자라나지 못하고 옆으로 휘어져 자란다. 그래서 캐나다 사람들은 이 나무를 '무릎 꿇은 나무'라고 이름 붙였다.

이 나무는 공명이 뛰어나 세계에서 가장 유명한 바이올린을 만드는 데 쓰인다. 가장 훌륭한 바이올린은 캐나다 로키산맥에서 자란 그 단풍나무, 무릎 꿇은 나무로 만들어진다. 결국 훌륭한 바이올린에서 나오는 공명은 단풍나무의 눈물이자 한이다. 모진 바람과 고통을 통해 어느 나무도 따라올 수 없는 공명을 가지게 된 것이다.

인생 속에 눈물이 없으면 그 마음에 무지개가 뜨지 않는다. 물론 아름답고 좋은 환경 속에서 자라면 좋겠지만, 하나님은 때때로 인생의 역경 가운데 우리의 영혼을 투명하게 만들어 가신다는 것, 하나님 앞에서 우리를 아름답게 하신다는 것을 잊어서는 안 된다.

우리는 요셉의 모습에서 온유함을 발견하게 된다.

"온유한 자는 복이 있나니 그들이 땅을 기업으로 받을 것임이요"마 5:5라는 말씀이 있다. 또 주님이 자신을 소개하실 때 "수고하고 무거운 짐 진 자들아 다 내게로 오라 내가 너희를 쉬게 하리라 나는 마음이 온유하고 겸손하니 나의 멍에를 메고 내게 배우라 그리하면 너희 마음이 쉼을 얻으리니"마 11:28-29라고 말씀하신다.

주님은 스스로를 온유하다고 말씀하신다. 흔히 우리는 그저 모든 것에 대해 절도가 없고 다 용납하는 사람을 온유한 사람이라고 잘못 생각하고 있다. 성경은 온유란 인생의 고난과 역경을 통해 조절되고 통제된 삶을 뜻한다. 분명한 목표를 향해 끊임없이 나아가는 삶, 이것이 바로 온유다. 온유한 사람은 어떤 환난과 핍박이 다가와도 하나님을 향해 끊임없이 나아가는 삶을 산다.

예수님은 온유의 대명사이시다. 십자가를 향해 나아갈 때 그분은 얼마나 많은 모멸과 비난과 멸시를 받았는가. 그 멸시와 천대와 비난에도 주님은 목적을 바꾸지 않으셨다. 조금도 흔들리지 않고 그 목적을 향해 계속해서 나아가셨다. 이것이 바로 온유함이다. 사람들의 경멸과 비난과 조소에도 불구하고 예수님은 자신의 목적을 향해 일관성 있게 나아가셨다.

우리는 때때로 인생의 고통을 통해 온유해져 가고, 살아야 하는 목적이 무엇인가를 많이 생각하게 된다. 그리고 서서히 인생을 통해 진정한 삶의 가치가 무엇인가를 점검하기 시작한다. 우리의 온유함은 억울함 가운데 나타나야 한다. 그렇지 않고 억울함만 가슴속에 품는다면 우리 인생은 망가지고 만다. 그런 억울한 환경일수록 우리는 하나님을 바라보아야 한다.

요셉은 가슴에 앙금이 남아 있음에도 불구하고 하나님만 바라보았다. 억울함이나 유혹에도 불구하고 그는 오직 하나님만 바라보았다. 자신에게 악을 행했던 사람을 용서하고 결코 분노하지 않았다. '하나님이 저들을 통해 나를 단련하시는구나. 저들을 통해 내 인생의 목적을 알게 하시는구나. 나를 하나님께 더 가까이 가도록 인도하시는구나' 라고 깨달으며 하나님만 바라보았다.

우리는 복음을 증거할 때 온유할 필요가 있다. 전도할 때 모든 사람이 우리의 말을 수용하는 것이 아니기 때문이다. 그들은 우리를 배척하고 싫어한다. 그때 화내고 다툰다면 복음을 증거할 수 없다.

우리는 그들의 구원을 위해 복음을 증거할 뿐이다. 그들이 조소하든 멸시하든 우리는 그 목표에서 어긋나서는 안 된다.

요셉은 대단히 감성적인 사람이다. 건강한 마음을 소유한 사람은 슬플 때 울 줄 알고 기쁠 때 웃을 줄 안다. 어린아이는 별것 아닌 일에도 잘 웃지만 삐뚤어진 사람들은 잘 웃지 않는다. 마음에 상처가 많은 사람은 우스워도 참는다. 혼자 화장실에 가서 픽 웃고 남이 볼 때는 절대 웃지 않는다. 하지만 잘 웃어야 건강한 사람이다.

웃음과 울음, 이 두 가지는 균형이 맞아야 한다. 울 상황에서는 울어야 하고 웃어야 될 상황에서는 웃어야 한다. 한쪽으로 쏠리면 문제가 생긴다. 풍성한 감성으로 다른 사람을 가슴에 안고 그들을 격려하고 이해하는 삶을 사는 것이 중요하다. 요셉은 그 기나긴 연단의 기간을 통해 울어야 할 때 울 줄 아는 사람이 되었고 웃어야 할 때 웃을 줄 아는 사람이 되었다. 자기 가슴속에 있는 앙금을 다 용해시켜 버리고 순수해진 영혼의 사람으로 단련되어 서 있었다.

우리 주님도 기쁠 때 웃으셨고, 슬플 때는 울기도 하셨다. 제자들과 더불어 기쁠 때는 한없이 기뻐하시고, 나사로의 죽음과 멸망할 예루살렘을 바라보면서 울기도 하셨다. 예수님은 이처럼 풍성한 감성의 소유자셨다.

내가 대신 죽겠다

"주의 종으로 그 아이를 대신하여 머물러 있어 내 주의 종이 되게 하시고
그 아이는 형제와 함께 도로 올려 보내소서."
이는 유다의 고백일 뿐 아니라 형제들의 고백이었다.

요셉은 형들 앞에서 자신이 누구라는 사실을 아직 밝히지 않았다. 형들은 그를 애굽의 총리로만 알고 있었다. 애굽의 총리로서 동생으로서 형들을 가슴속 깊이 환영했지만, 대접받는 형들의 마음은 위축되어 있었다.

"요셉이 그의 집 청지기에 명하여 이르되 양식을 각자의 자루에 운반할 수 있을 만큼 채우고 각자의 돈을 그 자루에 넣고 또 내 잔 곧 은잔을 그 청년의 자루 아귀에 넣고 그 양식 값 돈도 함께 넣으라 하매 그가 요셉의 명령대로 하고."창 44:1-2

형제를 떠나보내면서 요셉은 뭔가 심상치 않은 행동을 하고 있다. 자신의 청지기에게 뭔가 음모를 꾸미도록 명령했다. 아직 테스트가 끝나지 않은 것이다. 한 사람의 자루에다 은잔을 몰래 넣게 하고 그

들을 따라가 잡도록 명령했다.

"그들이 성읍에서 나가 멀리 가기 전에 요셉이 청지기에게 이르되 일어나 그 사람들의 뒤를 따라 가서 그들에게 이르기를 너희가 어찌하여 선을 악으로 갚느냐."^{창 44:4}

요셉은 그들에게 음모를 뒤집어 씌우려고 했다. 풍성한 사랑의 사람이 왜 이런 음모를 꾸민 걸까? 그 청지기는 요셉이 시키는 대로 베냐민의 자루에다 은잔을 몰래 집어넣었다. 그리고 쫓아가 그들을 급습하더니 "너희는 어떻게 선을 악으로 갚느냐? 어찌하여 너희가 우리 주인의 은잔을 훔쳐갔느냐? 그것은 우리 주인이 귀하게 아끼는 잔이다"라고 서슬 퍼렇게 이야기했다.

그때 형제들은 "우리는 절대로 그런 짓을 한 적이 없습니다. 우리는 돈도 넉넉합니다. 그런데 왜 그런 짓을 하겠습니까? 만약 은잔을 도둑질한 사람이 있다면 그는 죽을 것이고 우리 모두는 종이 될 것입니다"라고 당당하게 말했다. 절대 그런 일을 하지 않았다는 자신감이 있었기 때문이다.

그 은잔은 점을 치는 잔이었다. 여기에는 두 가지 의미가 있는데, 하나는 귀중하게 구별할 때라는 것이다. 우리는 애지중지하는 것을 "신주단지 모시듯 한다"라고 말한다. 여기서 은잔 그 자체가 중요한 것은 아니지만 거기에는 요셉의 마음이 담겨 있었던 것 같다.

또 하나는 은을 통해 독의 여부를 시험할 수 있었기 때문이다. 그 사실을 안 뒤로 당시 애굽 사회에서 은잔을 쓰는 것은 지체 높은 사람들에게는 당연한 일이었다. 요셉이 누명을 쓰고 감옥에 갇혔을 때 그곳에 함께 있던 두 사람이 누구였는가? 바로의 술 맡은 관원과 떡 맡은 관원이었는데, 이들이 감옥에 들어온 것은 다름 아닌 음모 때문이었다.

요셉이 총리로 있던 힉소스 왕조는 지금의 터키 내륙 지방에 살고 있던 셈족이 내려와서 애굽을 정복했다. 그래서 항상 곳곳에 암살의 위험이 도사리고 있었다. 이때 생각해 낸 것이 은잔의 사용이었다. 음식을 은잔에다 담으면 독의 여부를 쉽게 알 수 있기 때문에 그 은잔을 애용했던 것이다.

요셉은 음식을 먹을 때마다 이것으로 독이 섞여 있는지 아닌지를 구분해 냈다. 로마 황제들 중에는 정신병자가 많았는데, 그것은 아마도 은잔 대신 납으로 만든 잔을 썼기 때문일 것이다. 납은 묵직하고 부드러워 조각이 잘 되어 한동안 납으로 만든 식기를 쓰다가 황제들이 결국 납중독에 걸리고 말았을 것이다. 그래서 로마 황제들 가운데 성격 파탄자라든가 이상한 성격의 황제가 많지 않았을까?

요셉은 그렇게 아끼던 은잔을 누구의 자루에 넣었는가? 자기 친동생인 베냐민의 자루에 넣었다.

"그가 나이 많은 자에게서부터 시작하여 나이 적은 자에게까지 조사하매 그 잔이 베냐민의 자루에서 발견된지라." 창 44:12

공교롭게도 베냐민의 자루에서 은잔이 발견되었다. 형제들은 할 말을 잃고 '이제 죽었구나'라고 생각했다. 발견되기 전에 "그는 죽을 것이고 우리 모두는 종이 될 것입니다"라고 호언장담하지 않았던가! 그런데 그 말이 이제 현실이 되었다. 그들은 옷을 찢고 할 수 없이 청지기에 잡혀 다시 요셉의 집으로 끌려오게 되었다.

"유다가 말하되 우리가 내 주께 무슨 말을 하오리이까 무슨 설명을 하오리이까 우리가 어떻게 우리의 정직함을 나타내리이까 하나님이 종들의 죄악을 찾아내셨으니 우리와 이 잔이 발견된 자가 다 내 주의 노예가 되겠나이다."창 44:16

어쩔 수 없는 상황이었다. 지금 절대 권력 앞에 어떻게 항변할 수 있겠는가? 이때 요셉이 그들에게 속삭였다.

"요셉이 이르되 내가 결코 그리하지 아니하리라 잔이 그 손에서 발견된 자만 내 종이 되고 너희는 평안히 너희 아버지께로 도로 올라갈 것이니라."창 44:17

잔을 훔쳐간 사람만 그의 종이 될 것이라는 얘기였다. 나머지는 모두 살려 주겠으니 자유롭게 돌아가라는 것이었다. 그 사람에게만 죄를 묻겠다는 것이었다. 이것은 분명 유혹이었다. 그 대상이 누구인가? 바로 베냐민이다. 요셉을 잃은 후에 아버지가 가장 사랑하는 아들이다. 여기서 우리는 베냐민에게 누명을 씌운 이유를 알게 된다. 요셉은 지금 형들이 어떻게 반응하는가를 지켜보고 있는 것이다.

요셉과 베냐민은 야곱이 가장 사랑했던 라헬의 소생이다. 어머니를 많이 닮았기 때문에 아버지는 이들에게 생명을 걸다시피 했다. 특히 형인 요셉을 애지중지했다. 그런데 이 사랑 때문에 형들의 시기를 받아 종으로 팔렸다. 베냐민은 바로 그 요셉의 친동생이다. 아버지는 요셉이 사라지고 난 다음 베냐민을 더욱 애지중지했다. 이제는 베냐민이 야곱의 생명이었다. 그런 베냐민에게 누명을 씌웠을 때 형들이 요셉처럼 그를 시기하고 있다면 이는 쾌재를 부를 일이었다.

　그런데 형들은 변했다. 이때 유다가 "총리님이시여! 제 말 좀 들어주십시오. 저희에게는 이 아이의 형이 있었습니다. 그런데 그 형이 사라지고 난 후에 우리 아버지는 이 아이에게 생명을 걸었습니다. 이 아이는 아버지의 분신입니다. 이 아이가 없으면 아버지는 죽은 목숨이나 마찬가지입니다. 처음 당신을 뵈었을 때 형제가 몇 명이냐고 물었을 때 그 말을 하지 않았습니까? 열둘입니다. 하나는 사라지고 하나는 아버지와 함께 있다고 말씀드렸을 때 그 한 명을 데리고 오면 정탐꾼이 아닌 걸 인정하겠다고 하셔서 이 아이를 데리고 오기 위해 우리가 얼마나 애쓴 줄 아십니까? 아버지가 절대 못 보낸다는 걸 저희가 설득했습니다. 제 생명을 담보로 하고 데려온 아이입니다. 그런데 만약 이 아이가 사라져 버리면 우리 아버지는 죽은 목숨입니다"라고 사정을 이야기했다.

　그리고 유다는 장엄하게 고백한다.

"주의 종으로 그 아이를 대신하여 머물러 있어 내 주의 종이 되게 하시고 그 아이는 형제와 함께 올려 보내소서." 창 44:33

유다는 베냐민을 종으로 삼겠다는 명령을 거두고 보내 주시면 대신 자신이 종이 되겠다고 말했다. 이는 유다의 고백일 뿐 아니라 형제들의 고백이었다.

고통을 앙금처럼 묻어 두지 말라

세월이 모든 것을 쇠퇴시키고 녹슬게 만들지만
그래도 흘러가는 세월이 아름다운 것은 인생 속에 긍정적인 변화를 만들어 내기 때문이다.
인생이 아름다운 것은 이렇게 변할 수 있다는 가능성 때문이다.

유다의 고백에서 우리는 두 가지를 발견할 수 있다. 하나는 아버지에 대한 효성이다. 그리고 다른 하나는 20여 년 동안 동생 베냐민을 진정으로 사랑하게 되었다는 사실이다.

세월이 모든 것을 쇠퇴시키고 녹슬게 만들지만 그래도 흘러가는 세월이 아름다운 것은 인생 속에 긍정적인 변화를 만들어 내기 때문이다. 인생이 아름다운 것은 이렇게 변할 수 있다는 가능성 때문이고, 사람이 존귀한 것은 변화의 가능성이 존재하기 때문이다.

총리가 된 요셉 앞에 무릎 꿇은 그들은 어떤 사람인가? 요셉의 가슴속에는 20여 년 전 자신을 죽이려고 했다가 종으로 팔았던 혹독한 모습이 남아 있다. 이것이 그가 기억하는 형들의 모습이었고, 그의 가슴에 앙금처럼 남아 있는 형들의 모습이었다.

그런데 지금 형들은 자신이 기억하고 있던 것과 완전히 달라져 있었다. 지난 시간과 함께 변화되었다. 요셉의 분신과 같은 베냐민을 향한 형들의 지극한 사랑은 그들이 얼마만큼 변화되었는가를 드러내 보여 준다. 그동안 그들은 회한의 삶을 살았다. 하지만 과거를 돌이킬 수는 없었다. 이런 이유로 그들은 베냐민에게 더 잘해 주었고, 잘 지켜야겠다고 생각했다. 자신들이 후회하는 것 이상으로 베냐민에게 사랑을 베풀었다.

무한한 가능성, 변화의 가능성

이들 형제 중 유다는 어떤 사람인가? 요셉을 종으로 팔아 버리자고 제안한 사람이 바로 유다였다. 그는 이방 여인과 결혼해 아버지의 가슴에 못을 박은 아들이다. 게다가 자식들을 낳았지만 그들은 후사 없이 죽고 말았다. 그래서 나중에는 매춘부로 변장한 자기 며느리와 동침해 자식을 낳은 사람이다. 어떻게 보면 참 허물 많고 모순된 사람이다.

이런 유다가 동생을 대신해 자신을 종으로 삼으라고 고백한 것이다. 이 고백을 통해 그는 다윗의 조상으로, 예수 그리스도의 조상으로 세워지게 되었다. 유다 지파에서 다윗이 태어나고 메시아가 태어났다. 허물과 죄가 많은 사람인데도 불구하고 그를 통해 그리스도의 예표가 나타났다. 이 고백이 그리스도의 예표다. 허물과 죄로 죽을 수밖에 없는 우리를 위해 대신 제물이 되신 예수님의 모습을 느낄 수 있는가? 물론 그는 모순과 허물이 많았던 사람이다. 그런데 오랜 과정을 통해 요셉이 꿈의 사람으로 하나님의 비전의 사람으로 성장했듯 형들도 변화되었다. 하나님의 사랑을 담은 따스한 마음으로 변화되었다. 위기의 순간 유다는 동생을 구하기 위해 자기 인생을 아낌없이 내던졌다.

우리 인생이 존귀한 것은 그 속에 무한한 가능성과 변화의 가능성이 있기 때문이다. 그러므로 과거에 얽매여 자신의 인생을 국한시키지 말라. 과거 때문에 우리의 인생을 짓밟아선 안 된다. 우리가 존귀한 것은 수많은 상처와 앙금과 절망을 극복하고 예수 안에서 새로운 변화의 가능성을 소유하고 있기 때문이다.

지금 사는 것은 우리의 운명이지 다른 사람의 운명이 아니다. 그러므로 원망하고 불평하지 말라. '만약 이렇게 태어났다면……' '저런 집에서 태어났다면……' '이런 남자를 만났다면……' '이런 여자를 만났다면……' '이런 자식을 낳았다면……' '이런 회사에 다녔다면……' 이라고 생각하는 것은 부질없는 짓이다.

우리는 모든 고통을 자신의 가슴속에 앙금으로 남기고 상처로 남길 것이 아니라 우리를 위해 죽으신 그리스도의 은혜와 사랑 안에서 모든 상처와 앙금을 변화시켜야 한다. 변화의 가능성은 우리 안에 충분히 존재한다. 그래서 기도하고 찬양하고 감사하는 현장에서 그 가능성을 누려야만 한다. 지난날의 고통이 없었다면 지금의 우리가 존재할 수 없다는 사실을 명심하라. 그리고 지금 가지고 있는 앙금과 고통을 미워하지 말라. 그 고통을 통해 그리스도 앞에 더 다가가라. 주님을 더 바라보라. 이 땅이 아닌 영원한 나라를 향해 비전의 삶을 살아가라.

"요셉이 시종하는 자들 앞에서 그 정을 억제하지 못하여 소리 질러 모든 사람을 자기에게서 물러가라 하고 그 형제들에게 자기를 알리니 그 때에 그와 함께한 다른 사람이 없었더라 요셉이 큰 소리로 우니 애굽 사람에게 들리며 바로의 궁중에 들리더라."^{창 45:1-2}

요셉은 정과 눈물의 사람이었다. 형제들을 만나면서 그 가슴에 있는 정을 주체하지 못해 소리를 지르고 대성통곡하는 모습에서 그가 얼마나 감성이 풍부한 사람인지 알 수 있다.

그는 이 시험을 통해 형들이 지난 세월 속에서 얼마나 회복되고 변화되었는가를 깨달았다. 베냐민이 너무 보고 싶어 형들이 그를 데려오도록 나름대로 계획을 세웠다. 또 형들이 베냐민을 데리고 오자 그를 본 순간 마음이 녹았다. 그러면서 자기에게 악감정을 갖고 노예로 팔았던 형들이 과연 베냐민을 진정으로 사랑하는지 궁금해졌다. 그래서 요셉은 형제들의 우애를 시험해 보려고 자신이 소중히 여기던 은잔을 베냐민의 자루에 집어넣어 그들을 도둑으로 몰아 다시 잡아왔다. 그리고 "누구든지 은잔을 훔쳐간 사람은 내 종이 될 것이다"라고 말했다. 예전 같으면 형들은 못 이기는 척하며 동생을 놔두고 그 자리를 떠났을 텐데 그들은 흘러가는 세월 속에서 변해 있었다. 베냐민을 위해 자기들의 안위를 담보로 건 것이다.

형들은 요셉에게 "총리 각하, 이 아이는 우리 아버지의 생명과도 같은 아들입니다. 제발 살려 주십시오"라고 간절히 청원했다. 이것이 여의치 않자 나중에 유다는 "아버지에게 제 생명을 담보로 하고 이 아이를 데려왔습니다. 그러니 차라리 저를 종으로 삼으시고 이 아이는 살려 보내주십시오"라고 간청했다. 요셉은 이 모습을 통해 형제들의 우애를 경험하게 되었다. 그들은 자신을 애굽의 종으로 팔았던 과거의 형들이 아니었다.

눈물은 하나님에 대한 반응

모든 것을 밝힌 순간 요셉은 혈육의 정이 북받쳐 올라왔다. 형제들을 보면서 상처가 자기에게만 있는 게 아니라는 사실을 깨달았다. 때로는 가해자에게도 상처가 남는다. 요셉이 그 상처를 통해 하나님의 비전의 사람으로 우뚝 서 있는 것과 반대로 형들의 상처는 그야말로 고통 그 자체였다. 20여 년 동안 그들의 양심을 찌르는 상처로 남아 있었는데, 이는 죽음보다 더 큰 고통이었다.

'하나님은 형들의 악한 행동들을 통해 나를 지금의 나로 세우셨구나. 하나님은 그분의 꿈과 비전을 완성시키기 위해 저들을 악한 엑스트라로 쓰셨던 거구나. 나는 저들을 통해 승리의 위치에 서 있지만 저들은 여전히 그 상처 때문에 고통당하고 있구나'라고 생각한 요셉은 감정을 더는 지체할 수가 없었다. 가슴에 북받쳐 오르는 연민의 정 때문에 요셉은 그들에게 자기의 신분을 이야기했다. 그리고 소리를 지르며 대성통곡했다.

요셉은 눈물의 사람이었다. 그의 인생에는 많은 눈물이 있었다. 하지만 그 눈물은 그의 영혼 속에 무지개를 뜨게 하기 위한 과정이었다. 그는 파란만장한 인생살이 속에서 울었다. 형들에 의해 팔렸을 때도 울었고 애굽에서 노예 생활을 할 때도 울었다. 그러나 그 현장에서 요셉의 상처는 치유되었다. 그 현장은 그의 비전을 성취해 가는 하나님의 기회였다.

예수님의 말씀이 우리의 심장을 어루만져 주신다면 울어라. 상처가 너무 아프다면 소리 내어 울어라. 때때로 고통으로 참을 수 없는 지경에 이르렀다면 큰 소리로 울어라. 그 눈물은 우리의 마음속에서 독을 빼내고 하나님의 임재를 경험하게 하는 기회가 된다.

우리는 하나님 앞에서 감정이 풍부해야 한다. 나는 개인적으로 비극적인 영화를 좋아하지 않는다. 코미디 프로를 즐겨 보는데, 세상에 웃을 일이 별로 없어 웃으며 살고 싶기 때문이다. 그래서 가급적 보면서 웃을 수 있는 프로그램을 골라 본다. 주위를 둘러보면 슬픔은 얼마든지 있다. 우리가 당하는 슬픔이 아니더라도 다른 사람의 인생 속에 고통이 있고 아픔이 있고 곤고함이 있다.

우리는 무엇보다 건강한 심성을 가져야 한다. 그래서 웃어야 할 때 웃을 줄 알아야 하고 울어야 할 때는 울 줄 알아야 한다. 정신적으로 장애를 입은 사람은 제대로 웃지 못한다. 그러나 더 큰 장애는 반응이 없는 것이다. 우리는 하나님에 대해 반응을 보여야 한다. 인생이 힘들고 지치거나, 하나님께서 우리에게 임재하실 때는 반응을 보여라. 요셉처럼 풍성한 감성의 소유자가 되어야 한다는 말이다. 그래야만 치유가 있고 회복이 있다.

"요셉이 그 형들에게 이르되 나는 요셉이라 내 아버지께서 아직 살아 계시니이까 형들이 그 앞에서 놀라서 대답하지 못하더라 요셉이 형들에게 이르되 내게로 가까이 오소서 그들이 가까이 가니 이르되 나는 당신들의 아우 요셉이니 당신들이 애굽에 판 자라" 창 45:3-4

요셉이 스스로를 드러내기 전까지 형제들은 상상도 못한 일이었다. 그들은 요셉이 왜 대성통곡하며 저렇게 날뛰는지 몰랐다. 그가 자신을 가리켜 "나는 요셉입니다"라고 말했을 때 형제들은 경악을 금치 못했다. 순간 너무 곤혹스러웠으리라. 애굽의 총리가 된 요셉을 바라보면서 그들의 머릿속에는 종으로 팔아 버렸을 때 절규하고 통곡하며 "형들 제발 살려 주세요"라고 애원하던 어린 동생의 모습이 스쳤을 것이다. 짧은 시간 많은 생각이 그들의 뇌리를 스치고 지나갔을 것이다.

그때 그들은 시기심과 미움 때문에 그렇게 행동했다. 미움의 포로가 되어 버리면 사람들은 다음 일을 생각하지 못한다. 그 미움만 해결하는 데 온 신경을 집중하기 때문이다. 분노에 사로잡혀 함부로 말을 내뱉기도 하는데, 이때는 마음을 다잡고 절제할 필요가 있다. 미움이 마음속에 가득하면 어떤 짓도 할 수 있다. 어느 때는 인간 이하의 짓도 할 수 있다. 문제는 분노를 얼마만큼 조율할 수 있느냐 하는 것이다. 사람이라면 분노할 수 있고 미워할 수도 있다. 그런데 거기서 더 나아가면 안 된다. 요셉의 형들은 더 나아가서 행동으로 옮겼고, 이로 인해 오랜 시간 심적으로 많은 고통을 겪어야 했다.

20여 년 전 자신들이 팔아 버렸던 그 동생이 지금 애굽의 총리로 우뚝 서 있다. 그들에게는 충격적인 현장이 아닐 수 없다. 아마 전율의 현장이었을 것이다.

정말 용서했다면 기억도 하지 말라

비전의 사람들은 고통과 슬픔의 현장을 가슴에 품고 있지 않다.
그 고통을 통해 이곳에 서게 했다는 하나님의 위대한 역사를 바라보기 때문에
그들에게는 은혜가 더 크고 감사가 더 크다.

"당신들이 나를 이곳에 팔았다고 해서 근심하지 마소서 한탄하지 마소서 하나님이 생명을 구원하시려고 나를 당신들보다 먼저 보내셨나이다."창 45:5

경악과 전율을 금치 못하던 형제들은 한숨을 내쉬면서 마음속으로 '죽었구나'라고 생각했다. 그들에게 남은 것은 이제 죽을 일밖에 없었다. 그때 요셉이 그들에게 "근심하지 마십시오, 한탄하지 마십시오"라고 위로하며 그들을 어루만져 주었다.

비전의 사람들은 그 가슴에 하나님을 품고 있기 때문에 세상 속에서 당한 모든 상처와 고통을 앙금처럼 묻어 두지 않는다. 그 상처와 고통이 현재의 자신을 존재하게 했다는 사실을 알고 오히려 감사하며 찬양하는 삶을 산다. 비전을 향해 하나님이 이루어내신 과정이라

는 것을 알고, 그것을 다 용해시켜 기억조차 하지 않는다.

간혹 "여보, 예수님을 믿기 때문에 당신을 용서했어요. 과거에 바람 피운 것도 용서하고, 술 먹고 나 때린 것도 용서했어요. 예수님을 믿기 때문에 이 모든 것을 용서한 거예요"라고 말하는 사람이 있다. 그리고 1년 있다가 다시 "여보, 나는 당신을 용서했어요. 예수님을 믿기 때문에 용서했어요"라고 말한다. 이렇게 자꾸 이야기한다는 것은 진정으로 용서한 게 아니다. 정말 용서했다면 그 기억을 지워 버려야 한다. 입에 다시는 그 단어를 담지 말아야 한다. 정말 용서했다면 고통스러운 과거조차도 하나님이 선용하셔서 지금의 나를 존재하도록 하는 하나님의 기회였다는 사실에 감사해야만 한다. 그게 진정한 하나님의 사람이다.

가까운 친척 가운데 자수성가한 사람이 있다. 중학교를 졸업한 그에게 부모님이 공장에 들어가라고 했다. 그러자 그 말에 한을 품고 집을 뛰쳐나와 자기 혼자 돈을 벌며 열심히 공부해 대학까지 나와 자수성가했다. 그런데 부모가 성공한 그 앞에서 얼굴을 못 드는 것이었다. 무슨 일이 있을 때마다 그는 "나 혼자 컸어요. 나 혼자 공부했어요"라고 말하는데, 부모로서 할 말이 있겠는가.

그러나 인생의 고난을 잘 용해한 사람은 그런 말을 하지 않는다. 요셉처럼 과거의 앙금을 철저히 잊어버린다. 오히려 하나님이 그 고난을 기회로 삼으셔서 자신을 존재하도록 했다는 것에 감사해한다. 요셉은 이미 자유한 사람이었다. 이미 치유받은 영혼이었다. 그는 과거에 집착하지 않았다. 과거의 일로 상대방을 공격하지도 않고, 원한을 품거나 악감정을 갖지도 않았다. 보복하겠다는 마음도 품지 않았다. 그는 이미 마음 깊은 곳에서 용서하는 마음을 하나하나 경험하고 있었다. 비전의 사람들은 고통과 슬픔의 현장을 가슴에 품고 있지 않는다. 그 고통을 통해 이곳에 서게 했다는 하나님의 위대한 역사를 바라보기 때문에 그들에게는 은혜가 더 크고 감사가 더 크다.

시인 하이네 Heinrich Heine는 "최고의 복수는 용서하는 것이다"라고 말했다. 하지만 요셉은 최고의 복수를 하기 위해 형들을 용서한 것이 아니다. 그의 가슴에는 그들을 품고 싶어 하는 마음이 있었고 불쌍히 여기는 마음이 있었고 그들을 민망하게 보는 마음이 있었다. 하나님을 가슴에 품고 살아왔기 때문에 가능한 일이었다. 비전을 가슴에 품고 살아왔기 때문에 가능한 일이었다.

그는 형들뿐 아니라 자신에게 고통을 주었던 보디발이나 그의 아내에게도 보복을 하지 않았다. 그들에게 앙심을 품지 않았다. 오히려 고난과 역경 속에서 자신의 삶의 주관자가 되시는 하나님을 더욱 바라보았다. 하나님이 어떻게 인생의 위대한 반전을 이루실 것인가를 바라보았다. 이것이 믿음이다. 이것이 영적인 축복이다.

정말 누군가를 용서했다면 그 용서에 대해 기억도 하지 말라. 용서했다고 말하지만 가끔 그때 일을 떠올리면 마음이 괴롭다. 하지만 정말 용서한 사람은 기억하지 않는다. 완전히 지워버린다.

하나님께서 우리를 용서하실 때도 완전히 잊어버리신다. 하나님은 그 모든 죄를 등 뒤로 던져 버리시고 기억조차 하지 않으신다. 그게 사랑이다. 또한 우리에게 그 죄를 문제 삼지 않으신다. 우리가 여러 가지 죄를 지어 하나님 앞에 회개한 후 나중에 그분 앞으로 나아가 "하나님, 제가 이런 죄 지었는데요" 하면 "나는 모른다!"라고 대답하실 것이다. 그게 사랑이다.

용서받은 사람들은 그 고통을 알고 있다. 용서받은 것이 큰 만큼 그만큼의 상처를 갖게 된다. 어떤 사람은 용서했기 때문에 자신이 굉장한 포용력을 가졌다고 생각한다. 하지만 정말 용서했다면 기억하지 말라. 그게 용서다. 용서라는 말 속에다가 비수를 들이대지 말고, 용서라는 말도 쓰지 말라. 다 지나간 일이다.

지금이 최선이다

겨울이 깊고 추위가 매서울수록 봄이 더 찬란한 것처럼,
인생의 고난과 역경을 통해 하나님의 위대한 반전 드라마가 준비된다.

"이 땅에 이 년 동안 흉년이 들었으나 아직 오 년은 밭갈이도 못 하고 추수도 못 할지라 하나님이 큰 구원으로 당신들의 생명을 보존하고 당신들의 후손을 세상에 두시려고 나를 당신들보다 먼저 보내셨나니 그런즉 나를 이리로 보낸 이는 당신들이 아니요 하나님이시라 하나님이 나로 바로에게 아버지로 삼으시고 그 온 집의 주로 삼으시며 애굽 온 땅의 통치자로 삼으셨나이다." 창 45:6-8

여기에 아주 중요한 단어가 나온다. 바로 '하나님'이다. 요셉이 "하나님이 큰 구원으로 당신들의 생명을 보존하고 당신들의 후손을 세상에 두시려고 나를 당신들보다 먼저 보내셨나니"라고 강조한 것은 하나님의 주권을 고백하기 위해서다. 형들이 팔아 버렸지만 그 자신이 여기 온 것이 아니라 하나님이 그를 이곳으로 오게 하셨다고

고백했다. 그리고 하나님이 이런 비전을 자신에게 성취하기 위해 형들을 사용하셨다고 말했다. 하나님이 자신을 인간 되게 하기 위해, 믿음의 사람으로 서게 하기 위해, 비전의 사람으로 서게 하기 위해 형들을 사용하셨다고 말한 것이다.

다음 세대를 위한 하나님의 섭리

우리는 때때로 "왜 이런 사람을 만나게 된 걸까?" "왜 이런 환경에서 살게 된 걸까?" "왜 이런 고통을 지금까지 겪어 왔을까?"라고 불평을 늘어놓고 누군가를 원망한다. 간혹 자신의 운명을 저주할 때도 있다. 하나님의 은혜 안에서 보면 이 모든 과정은 하나님을 추구하는 믿음의 사람으로 세우기 위한 그분의 특별한 섭리다. 요셉은 그걸 알고 있었다. 조금 잘 되면 자기 잘난 맛에 살다가 조금 안 되면 하나님을 원망하는 삶은 신앙인의 삶이 아니다. 신앙인의 삶은 하나님의 주권 앞에 무릎 꿇고 그분이 우리를 인도하셨다는 고백 앞에 존재한다.

하나님은 우리의 구원을 위해, 우리 다음 세대를 위해, 또 수많은 사람을 위해 우리를 보냈다고 하셨다. 하나님의 사명을 이루기 위해 우리가 이 고통을 감당하도록 하나님께서 허락하셨다는 것이다. 자신을 향하신 분명한 하나님의 사명이 있기 때문에 그분께서 이 모든 고통을 무리에게 허락했다는 것이다. 사명을 가진 사람은 환경을 탓하지 않는다. 우리의 환경과 그 악함 속에서도 하나님이 어떻게 우리에게 그분의 뜻을 성취하실 것인가를 알고 있기 때문이다.

"그런즉 나를 이리로 보낸 이는 당신들이 아니요 하나님이시라 하나님이 나로 바로에게 아버지로 삼으시고 그 온 집의 주로 삼으시며 애굽 온 땅의 통치자를 삼으셨나이다." 창 45:8

지금 우리의 삶을 존재하도록 한 것은 누구인가? 우리는 우연히 온 줄로 안다. 때로는 팔자소관인 줄로 안다. 아니면 사람 때문에 잘못된 인생을 산 걸로 생각할 때가 있다. 하지만 우리가 동의하든 동의하지 않든지 간에 지금 이 현장은 하나님이 인도해 오신 현장이다. 물론 우리는 죄도 많고 모순도 많고 허물도 많다. 그럼에도 불구하고 우리가 주님께 무릎 꿇은 이 현장은 하나님이 인도해 오신 현장임을 인정해야 한다.

우리는 누군가와 만난 것을 후회할 때가 있고, 환경을 원망할 때도 많다. 하지만 그런 환경 때문에 지금 우리의 모습을 갖게 된 것이다.

어떤 여성은 '이 남자를 안 만났으면 얼마나 행복할까'라는 생각 때문에 감정이 북받쳐 오를 때가 있다고 한다. 하지만 그 사람이라도 만났기에 지금 이 정도로 살고 있는 것이다. 남성 역시 '이 여자 안 만나고 정말 예쁘고 내조 잘하는 여자를 만났다면 얼마나 잘살고 있을까'라고 생각하지 않겠는가. 하지만 그나마 그 여자를 만나서 이 정도로 사는 것이다. 좀 더 좋은 부모를 만났거나, 좀 더 좋은 환경에서 자라났다면 얼마나 멋진 삶을 살고 있을까 생각하기 전에 지금의 환경과 조건 때문에 그나마 우리가 인간 구실을, 신앙인 구실을 하고 있다는 사실을 기억하라.

감사와 최선으로 사는 삶

환경을 탓하기도 하고 부모 탓을 하기도 하고 다른 사람 탓을 해보기도 했다. 상처 준 사람에게 악감정도 가져봤다. 하지만 그 과정이 없었다면 지금의 은혜도 없다. 절대 한을 품고 다른 사람을 탓하지 말라. 또한 환경과 조건을 탓하지 말라. 하나님을 향하는 삶을 살고 그분께 무릎 꿇고 오늘의 현장을 갖게 된 것은 모두 하나님이 인도하셨기 때문에 가능한 일이다.

지나간 것에 대해 원망도 후회도 하지 말라. 믿음과 소망으로 사는 사람에게 실수든 모순이든 힘든 환경이든 우리에게 고통을 준 사람이든 간에 하나님은 다 합력하여 선을 이루신다. 그게 지금의 우리를 존재하게 한 것이 아니겠는가. 우리는 오늘을 감사하고 감격할 줄 알고 지금 최선을 다해야 한다.

하나님의 사람은 '만약' 이라는 가정의 말을 쓰지 않는다. 지금 이 순간이 최선이다. 지금 하나님의 은혜로 존재하고 있다는 것을 확신해야 한다. 때로는 힘들고 어려울 때 기도하며 눈물을 흘리는 아내를 통해 하나님은 남편을 세우길 원하신다. 가정을 세우길 원하신다. 그리고 힘들고 어려울 때 기도하는 남편을 통해 하나님은 다음 세대를 준비하신다. 이것이 비전을 가진 사람의 거룩한 열정이다.

아내가 며칠 전에 아주 집요한 전화를 받았다. 전화를 끊고 다른 곳에 연락하고 심방을 가야 하는데 그 전화를 못 놓는 것이었다. 무슨 전화인가 했더니 우리 교회에 자동차가 많으니까 자동차보험을 들라고 누군가 전화를 한 것이었다. 그런데 얘기하는 것을 가만히 들어보니 남자 같았다. 남자도 보통 남자가 아닌 초등학교 동창이었다. 순간 마음속에 약간의 질투심이 발동했다. 이것이 남자의 공통된 마음일 것이다.

얼마 전 처남을 만났더니 "오해하지 마. 그 보험 들어 달라고 하던 친구 있지, 나한테 얼마 전에 전화해서 연주 전화번호를 가르쳐 달라고 하더군. 그 친구 연주 초등학교 동창인데, 연주 좋다고 박 목사 만나기 전에 매일 따라다녔어"라고 말해 주었다. 그래서 조금 질투도 나고 재미있기도 해서 "당신 나 만났기에 사모님 소리 들어 가며 살지, 나 안 만나고 그 사람 만났으면 지금 보험아줌마 됐을 거 아니야"라고 말했다. 그렇다고 보험 일을 하는 것이 나쁘다는 말이 아니니까 오해하지 않기를 바란다. 이 말을 들은 아내가 "그 사람이 나 만났으면 더 큰 사람이 됐지"라고 대답하는 게 아닌가. 결국 본전도 못 뽑고 말았다. 맞는 말이다. 더 괜찮은 사람을 만났으면 더 괜찮은 목사가 되었을까 싶지만 그것은 아닌 것 같다.

우리는 '만일, 만약'이라는 말을 자주 쓴다. 하지만 지금 이 순간이 우리에게 최선이고 지금 만남이 최고이고 지금 환경이 최선이다. 비록 악감정과 고통과 눈물로 얼룩진 인생이지만 우리에게 오늘만큼 소중한 현장은 없다. 이 사실을 믿는 사람이 바로 하나님의 사람이다. 그 가운데 무릎 꿇고 하나님을 바라볼 때 그분의 위대한 반전 드라마가 시작된다.

요셉은 고난을 주신 하나님의 목적을 잘 알고 있었다. 그러고 보면 고난도 아무나 겪는 것이 아니다. 겨울이 깊고 추위가 매서울수록 봄이 더 찬란한 것처럼, 인생의 고난과 역경을 통해 하나님의 위대한 반전 드라마가 준비된다.

고통을 포용하고 사랑하라

무엇보다 우리의 마음이 바뀌어야 한다. 과거를 포용하고 고통을 포용하고 사랑해야 한다.
이건 우리의 일이지 다른 사람이 할 일이 아니다. 어느 누구도 대신할 수 있는 일이 아니다.

"자기 아우 베냐민의 목을 안고 우니 베냐민도 요셉의 목을 안고 우니라 요셉이 또 형들과 입맞추며 안고 우니 형들이 그제야 요셉과 말하니라." 창 45:14-15

이는 화해를 선언하는 모습이다. 우리도 화해를 선포하고 치유를 선포해 보자. 그리고 우리 자신과도 화해하고 고통을 안겨 준 환경과도 화해하고 상처를 준 그 사람과도 화해를 나누라. 그 모든 현장이 지금의 우리를 존재하도록 했다는 것을 인정하라. 우리의 가슴속에 회복의 은혜가 있어야만 환경이 바뀐다. 회복이 안 된 상태에서 환경만 바꾼다면 그 환경 역시 우리를 곤혹스럽게 만들 것이다.

무엇보다 우리의 마음이 바뀌어야 한다. 과거를 포용하고 고통을 포용하고 사랑해야 한다. 이건 우리의 일이지 다른 사람이 할 일이 아니다. 어느 누구도 대신할 수 있는 일이 아니다. 하나님이 유일하게 사랑하시는 우리 자신, 우리가 사랑해야 할 우리 자신이지 다른 사람이 아니다. 이 두 가지를 거부한다면 우리는 어디에서도 위로받을 수 없다. 대적하고 원망하고 비난하며 지낼 수밖에 없다.

연약하고 상처투성이고 죄와 문제투성이지만 하나님은 그 모습 그대로 우리를 사랑하셨다. 그러므로 우리도 지금 모습 그대로의 자신을 사랑해야 한다. 이를 포용하고 이제는 하나님이 우리를 통해 이루어 가실 새로운 삶과 가치관을 추구해야 한다. 그때 하나님의 회복이 있다. 하나님을 추구하는 사람, 그분께 무릎 꿇는 사람에게는 하나님의 위대한 반전 드라마가 나타난다.

"그의 노염은 잠깐이요 그의 은총은 평생이로다 저녁에는 울음이 깃들일지라도 아침에는 기쁨이 오리로다."시 30:5

우리는 이 약속을 믿어야 한다. 하나님의 위대한 반전을 기대하고 주님을 추구할 때 하나님은 반드시 우리의 곤경을 돌이켜 주신다는 사실을 믿으라.

고통에는 분명한 뜻이 있다. 첫째, 고통스럽고 절망스럽지만 그래도 하나님의 분명한 뜻이 있다는 것을 인정해야 한다. 둘째, 지금은 고통이 끝없어 보이지만 언젠가는 끝난다는 사실이다. 흔히 쓰는 말로 죽기밖에 더하겠는가. 세상은 죽음으로 끝나지만 우리는 그렇지 않다. 우리에게는 영원한 보장이 있다. 고통은 끝이 있지만 우리에게 주시는 하나님의 비전과 영광은 영원하다. 셋째, 하나님의 위대한 반전 드라마가 반드시 우리 삶 속에 찾아온다는 사실이다. 이게 우리의 소망이 아닌가.

노예로 팔려갈 때 요셉은 현실의 고통과 문제에 부딪혀 위대한 영광이 눈에 보이지 않았다. 그런데 흘러가는 세월 속에서 위대한 반전 드라마가 나타난다. 인생에서 가장 중요한 것은 지금 눈에 보이지 않는다. 지금 당장은 느끼지 못한다. 지금 우리가 고통스럽고 절망스럽기만 한 것은 아직 이 위대한 반전의 현장에 서 있지 못하기 때문이다.

성공과 실패에는 큰 차이가 없다. 그 차이는 하나님을 가슴에 품고 사느냐 그렇지 않느냐 하는 데 있다. 아무리 세상에서 성공하고 세상에서 나름대로 성취한 삶을 살고 있어도 하나님을 가슴에 품지 않으면 결국 무너지고 만다. 그러나 하나님을 품고 하나님의 비전을 바라보는 사람에게는 반드시 승리의 현장이 있다. 우리는 하나님을 더 바라보고 계속 추구해야 한다. 그리고 선언해야 한다. 상처와 고통이 우리 인생을 괴롭히는 것으로 끝나는 것이 아니라 그것이 나를 나 되게 하였다는 것을 말이다.

그 고통은 우리를 하나님의 은혜 앞에 다시 서게 한다. 인생의 위대한 반전이 우리 인생에 반드시 찾아오도록 한다. 이것이 하나님의 사람이 갖는 위대한 꿈의 목적이다.

"아침안개 눈 앞가리듯 나의 믿음 의심 쌓일 때…….." 이것은 복음성가의 일부인데 가사가 정말 아름답다. 삶을 살아가다 보면 우리 앞에 문제가 안개처럼 가로막혀 현실 자체가 어둡고 답답해 보이지만, 눈으로 그것을 확인하지는 못해도 대반전의 위대한 드라마가 우리를 기다리고 있다.

아침안개 눈 앞가리듯 나의 믿음 의심 쌓일 때
부드럽게 다가온 주의 음성 아무 것도 염려하지 말라
빗줄기에 바위 패이듯 나의 작은 소망 사라져 갈 때
고요하게 들리는 주의 음성 내가 너를 사랑하노라
외로움과 방황 속에서 주님 앞에 나아갈 때에
위로하시는 주님 나를 도우사 상한 나의 마음 감싸 주시네
십자가의 보혈로서 주의 크신 사랑 알게 하셨네
주님께 감사하리라 언제나 주님께 감사해.

4_ 계속되는 비전

요셉은 자신의 전 생애를 통해 그 위대한 비전을 가슴에 품고 그것을 이루기 위해
모든 고난과 역경을 통해 아낌없는 헌신과 희생의 삶을 감당했다.
그는 대를 이어 이루어 나갈 하나님의 위대한 후사,
하나님 상속자의 비전을 가슴에 담고 있었다.

성공한 사람은 특징이 있다

진정한 꿈의 사람은, 하나님께서 세우시는 비전의 사람은 그 가슴에 하나님을 품고 산다. 오직 하나님께서 함께하심을 감사하고 인생의 모든 현장이 하나님의 은혜였음을 고백한다.

하나님은 요셉이 오랜 고통을 통해 한과 독을 품도록 방치하지 않으셨다. 하나님은 그 과정을 통해 그의 삶을 회복시켜 가셨다.

성공한 사람이란 과연 어떤 사람일까?

첫째, 자기 인생의 모든 한을 온유함과 관대함으로 승화시킨 사람이다. 인생의 모든 한을 가슴에 품고 독을 내뿜는 것이 아니라 그것을 관대함으로 온유함으로 풍성함으로 승화시켜야 성공한 삶이라고 평가할 수 있다. 둘째, 자신이 성공했다고 해서 다른 사람을 멸시한다거나 비난하지 않고 그들을 포용할 수 있는 사람이다. 셋째, 자신의 성공을 통해 다른 사람에게 섬김을 다하는 삶을 사는 사람이다. 넷째, 자신이 걸어온 인생의 고난과 인생의 여정을 다른 사람에 대한 연민과 사랑으로 승화시키는 사람이다. 다섯째, 무엇보다 소중한 것은 오직 이 자리까지 하나님이 인도하신 결과라는 것을 고백하고 그분께 영광으로 돌리는 사람이다.

이런 사람이야말로 진정으로 성공한 사람이다. 눈에 드러나는 성공도 중요하지만 더 중요한 것은 우리 내면 속에 나타나는 하나님의 품성이다. 우리 인격 속에 하나님의 성품이 드러나는 사람이야말로 참으로 성공한 사람이다.

우리가 요셉을 위대한 꿈의 사람이라고 정의할 수 있는 것은 분노의 노예가 되지 않았고 한의 노예가 되지 않았고 악감정의 노예가 되지 않았기 때문이다. 그는 이런 분노와 악감정과 모든 상처를 승화해서 하나님 앞에 위대한 꿈을 완성한 사람이었다. 요셉은 자신의 모든 상처를 통해 위대한 꿈을 완성했다.

진정한 꿈의 사람이란 하나님이 원하시는 비전의 사람이란 어떤 사람인가? 이런 사람들은 가슴에 한을 품고 살거나 가슴에 독을 품고 살거나 미움으로 점철된 삶을 살지 않는다. 진정한 꿈의 사람은, 하나님께서 세우시는 비전의 사람은 그 가슴에 하나님을 품고 산다. 오직 하나님께서 함께하심을 감사하고 인생의 모든 현장이 하나님의 은혜였음을 고백한다.

요셉은 20여 년 만에 자신을 죽이려고 했던 형들을 만났다. 자기를 노예로 팔아 버린 형들을 만난 것이다. 하지만 그들이 과거에 행했던 악한 행동을 정죄하지 않았고, 그들이 행했던 과거의 추악한 모습을 생각하지 않았고, 그들이 자신에게 가했던 그 치욕스러운 현장을 생각하지도 않았다. 인생에서 가장 소중한 것은 지금 눈앞에 보이지 않는다. 지금 눈앞에 보이는 것보다 사실 보이지 않는 것이 우리의 아름다운 모습을 완성해 가고 있다. 고통당할 때는 그것밖에 안 보이고 절망할 때도 그것밖에 안 보인다. 그러나 우리를 정상에 서게 하는 것은 눈앞에 있는 현실이 아니라 그 배후에 담겨진 하나님의 거룩하신 목적이다. 요셉은 이 사실을 알고 있었다.

하나님의 시각으로 바라보라

> 꿈의 사람은 지금 우리 앞에 정말 소중한 것은 아직 나타나지 않았고 앞으로 나타날 것이라는 기대감을 갖고 위기와 어려운 상황을 인내한다.

하나님은 요셉의 배후에서 그가 역경과 고난의 과정을 거치는 동안 모든 위대한 비전을 성취해 오셨다. 하나님의 사람, 꿈의 사람은 하나님의 안목으로 사물을 바라봐야 한다. 하나님의 시각으로 인생의 문제를 바라봐야 한다. 하나님의 가치관으로 지금까지 고통을 주었던 그 현실과 사람들을 파악해야 한다. 이것은 대단히 중요한 일이다.

꿈의 사람은 하나님을 가슴에 품고, 하나님의 안목으로 인생의 문제와 사람과 환경을 바라본다. 그러면서 지금 우리 앞에 정말 소중한 것은 아직 나타나지 않았고 앞으로 나타날 것이라는 기대감을 갖고 위기와 어려운 상황을 인내한다. 이런 사람들이야말로 꿈의 사람이고 믿음의 사람이다.

요셉은 형들의 시기와 질투 가운데서도 처절한 인생의 고통 가운데서도 하나님이 어떻게 자신의 삶을 주관하셔서 위대한 인생 대반전의 드라마를 이루실 것인가를 바라보았다. 이처럼 하나님을 품은 사람, 하나님의 시각으로 인생을 바라보는 사람에게는 위대한 결과가 준비되어 있다. 여기서 우리는 우리의 가슴이 과연 하나님을 품고 있는지, 우리의 안목이 하나님의 가치관으로 인생을 보고 있는지 생각해 보아야 한다.

민수기 13-14장을 보면 모세가 가데스 바네아에서 열두 명의 정탐꾼을 가나안 땅에 보내는 장면이 나온다. 각 지파의 우두머리를 불러 그들에게 하나님께서 약속하신 가나안 땅을 미리 정탐하도록 40일 동안 그들을 파송했다. 그들은 똑같은 것을 보고 왔는데, 그들 중 두 사람만이 그 땅에서 보았던 풍요로운 결실의 증거물인 포도송이를 막대에 꿰어 메고 왔다.

열두 명은 똑같은 것을 보고 돌아왔지만 다른 이들이 가져왔던 결과는 완전히 달랐다. 그들 중 열 명은 "그 땅은 아름답긴 하지만 우리를 삼킬 땅이다. 우리를 멸망하게 할 땅이다. 거기 있는 모든 원주민은 장대해서 우리는 거기에 비하면 메뚜기 같다"라고 보고했다. 반면에 여호수아와 갈렙은 "그들은 우리 밥이다"라고 외쳤다. 두 사람은 "그들의 신은 그들을 떠났고 하나님이 우리와 함께 계시니 그들은 우리의 밥이다. 우리는 그 땅을 능히 취할 수 있다"라고 말했다.

무엇이 이런 정반대의 견해와 결론을 만들었을까? 여호수아와 갈렙은 "하나님이 허락하셨다" "하나님께서 우리에게 그 땅을 주셨다" "여호와께서 우리와 함께하시기 때문이다"라는 고백을 수없이 했다. 그들의 가슴에 하나님을 품고 있었으며, 그들의 시선이 하나님을 향해 있었기 때문이다. 이것이 다른 면이다.

요셉도 이처럼 하나님을 바라보았다. 가슴에 하나님을 품고 하나님의 가치관으로 자기 인생을 바라보았다. 지금까지 그의 인생 여정은 이 위대한 승리의 자리에 있게 하는 하나님의 특별한 섭리였다. 위대한 꿈의 열매를 맺기 위해 이 모든 고난의 현장은 꼭 필요한 과정이었다.

반응으로 결정된다

우리는 똑같은 시련과 환난을 겪지만
어떻게 그 시련과 환난을 믿음으로 반응하고 경험하는가에 따라 결과는 다르다.

소설가 박완서는 "좋은 글은 피눈물에서 나온다"라고 말했다. 좋은 글이란 그 작가의 피눈물에서 나온다는 말이다. 대문호 괴테Johann Wolfgang von Goethe는 "자기의 빵을 눈물 흘리며 먹어 보지 아니한 사람, 근심으로 가득한 밤에 잠자리에서 울어 보지 아니한 사람, 그대는 모르리라, 그대! 하늘의 힘을"이라고 말했다.

눈물 젖은 빵을 먹어 보지 않았다면 인생의 승리와 하나님의 영광에 참여할 수 없다. 물론 시련과 환난을 겪었다고 해서 모든 사람이 위대해지는 것은 아니다. 시련은 시련일 뿐 그 이상도 그 이하도 아니다. 또한 환난은 환난일 뿐 그 이상도 그 이하도 아니다. 이처럼 시련과 환난 자체가 결코 위대한 것이 아니다.

그러나 똑같은 시련과 환난을 겪지만 어떻게 그 시련과 환난을 믿음으로 반응하고 경험하는가에 따라 결과는 다르다. 어떻게 하나님을 품은 가슴으로 이 시련과 환난을 극복할 것인가, 어떻게 하나님의 안목으로 오늘을 선용할 것인가에 달려 있다는 말이다.

고난을 통해 진정한 회복이 성취된다

지금은 눈물 흘리고 절규하지만 하나님은 그 과정을 통해 꿈이 자라나고 열매 맺게 하신다.
그리고 그 열매를 다음 세대까지, 또 다음 세대까지 완성해 나가실 것이다.

베냐민의 목을 안고 울면서 요셉의 피눈물은 감동의 눈물로 바뀐다. 요셉의 피눈물은 회복의 눈물로 바뀐다. 긍휼과 위로와 포용의 눈물로 바뀐다. 요셉이 지금까지 흘렸던 모든 피눈물은 그의 영혼 속에, 그의 인격 속에 위대한 하나님의 무지개를 깃들게 만들었다.

"요셉의 형들이 왔다는 소문이 바로의 궁에 들리매 바로와 그의 신하들이 기뻐하고 바로는 요셉에게 이르되 네 형들에게 명하기를 너희는 이렇게 하여 너희 양식을 싣고 가서 가나안 땅에 이르거든 너희 아버지와 너희 가족을 이끌고 내게로 오라 내가 너희에게 애굽의 좋은 땅을 주리니 너희가 나라의 기름진 것을 먹으리라 이제 명령을 받았으니 이렇게 하라 너희는 애굽 땅에서 수레를 가져다가 너희 자녀와 아내를 태우고 너희 아버지를 모셔오라 또 너희의 기구를 아끼지

말라 온 애굽 땅의 좋은 것이 너희 것임이니라."창 45:16-20

형제끼리 서로 화해를 나누자 하나님의 은총은 이방인에게까지 전달되어 이 소식을 들은 바로는 그들에게 어떤 은혜를 베풀 것인가를 생각했다. 이처럼 진정한 화해는 모든 사람에게 전달되어야 한다. 요셉 혼자만의 자수성가, 요셉 혼자만의 성공은 위대하지만 그것이 전부가 아니다. 함께 성공하고 함께 회복되어야 한다.

내적인 회복

많은 사람이 자기 혼자의 힘으로 그 자리에 선 것처럼 착각한다. "부모는 내게 해 준 것이 없지만 나 혼자 이렇게 여기까지 왔다" "피붙이들은 나를 도와주지 않았지만 나 혼자만의 힘으로 여기까지 이렇게 왔다"라고 말하면서 그것이 성공인 줄 안다. 그러나 사실은 그렇지 않다. "그들이 아니었다면 나는 인간도 아니었을 것이다" "당신이 내게 했던 그 가혹한 현실이 없었다면 나는 인간도 아니었을 것이다"라고 고백하고 함께 회복되어야 한다. 서로를 어루만지고 함께 승리의 정상에 서야만 한다. 요셉이 형들을 회복시키고 그들을 어루만지자 그 소식이 이방인의 귀에까지 들어갔다. 여기서 우리는 그 사람에 대한 정확한 평가는 이웃이 한다는 사실을 명심해야 한다.

유명한 전도자 D. L. 무디는 목회자 세미나에 참석했다가 어느 목사의 설교를 듣게 되었다. 참 매끄러운 설교였던 것 같다. 함께 자리했던 한 목사가 무디에게 "선생님, 저 분 설교 참 잘하시지요?"라고 했더니 무디는 빙긋 웃으며 "저는 아직 그분의 부인을 만나보지 못했는걸요"라고 대답했단다. 설교는 그의 아내, 그의 가족을 통해 검증되어야 한다. 그게 정말 설교다. 우리의 참된 성공은 가족과 이웃을 통해 검증된다. 요셉과 형제들이 하나되고 연합될 때 이방인으로부터 존경받았다. 그들이 하나님과 연합할 때 이방인조차도 풍성한 은혜를 베풀려고 했다.

우리 안에서 회복이 이루어질 때 바깥에서도 회복이 이루어진다. 내적인 회복이 이루어질 때 외적인 회복도 함께 성취된다는 말이다. 가정 안에서 화해하고 서로를 존중하는 태도가 우리 가운데 회복되어야 외부적인 회복도 나타난다.

인생이 항상 어려운 것만은 아니다. 어려운 인생길이지만 거기에는 하나님의 회복의 역사가 함께한다. 하나님이 맺힌 것을 풀어 주시고 막힌 것을 뚫어 줄 때가 반드시 온다. 그러나 그때가 오기까지 우리는 오늘을 선용해야 한다. 오늘을 선용해야만 그 기회가 주어진다. 우리에게 주어진 오늘이라는 현실에서 어떻게 화해하고, 어떻게 포용하고, 어떻게 하나님을 온전히 신뢰하는 삶을 살 것인가 고민해야 한다. 거기에 위대한 기회가 찾아온다. 하나님의 기회와 인간의 준비가 만나는 곳에 진정한 형통이 준비된다.

"이에 형들을 돌려보내며 그들에게 이르되 당신들은 길에서 다투지 말라 하였더라."창 45:24

요셉은 형들을 가나안 땅으로 돌려보냈다. 그러나 지금 지워 보내는 곡식으로는 5년 이상 남은 기근을 버틸 수 없다. 그들은 또다시 곡식을 가지러 와야만 했다. 그래서 온 가족을 전부 애굽으로 이주시키려는 계획을 갖고 있었다. 요셉은 길에서 먹을 양식을 실어 주며 아버지를 모시고 온 가족을 이끌고 애굽으로 다시 내려오기를 요청하면서 형들을 배웅했다.

형들을 떠나보내면서 요셉은 "형님들, 길에서 다투지 마십시오"라고 간곡히 부탁했다. 왜 이런 부탁을 한 것일까? 형들을 비난하기 위해, 그들을 작게 보아 이런 말을 한 것이 아니다. 그는 형들을 배려하고 이해하는 마음을 갖고 있었다. 그들은 총리가 된 요셉 앞에서 감격에 겨워 들떠 있는 상태였다. 과거의 모든 고통은 사라져 버리고 서로 끌어안고 울고 회복이 있었다. 이제 길을 떠나 가나안 땅으로 들어가면 그들은 일상의 삶으로 돌아가게 된다.

그때 그들의 가슴속에 어떤 앙금이 남아 있겠는가? 흥분이 가라앉으면 감격도 사라지고 그들 앞에는 어색하고 막막한 현실만 남아 있게 된다. 그들이 종으로 팔아 버린 요셉이 애굽의 총리가 되었다는 사실 때문에 경악했지만, 그들의 입장을 충분히 이해해 주는 요셉을 통해 회복을 경험했다. 그러나 평정을 되찾았어도 그들 가슴속에는 깊은 상처가 여전히 자리 잡고 있었다. 이 곡식을 가지고 가서 살다가 모자라면 또 와서 얻어 가지고 가면 좋겠는데 아예 애굽으로 짐을 싸들고 오라고 했다. 대답은 쉽게 했지만 그렇게 되면 요셉의 얼굴을 자주 볼 수밖에 없다.

회복의 은혜, 형통의 은혜

용서한 사람은 자신이 관용을 베풀었다고 생각하지만 정작 용서받은 사람은 어떨까? 자신이 저지른 죄악과 잘못을 깊이 뉘우친 사람은 용서한 사람의 얼굴을 보는 것이 고통이자 괴로움일 것이다. 요셉은 이미 그들의 이런 마음을 알고 있었다. 그래서 일상으로 돌아갔을 때 그 앙금을 가지고 다투지 말고 갈등하지 말라고 조언했다.

"알리어 이르되 요셉이 지금까지 살아 있어 애굽 땅 총리가 되었더이다 야곱이 그들의 말을 믿지 못하여 어리둥절하더니." 창 45:26

아버지에게 "요셉이 살아 있다"라고 외쳐도 야곱은 믿지 않았다. 그만큼 그들은 불신관계에 있었다. 게다가 '결자해지'結者解之라고 자신들이 지난 날 잘못한 것을 아버지에게 다 고해야만 했다. 그들은 더 이상 아버지한테 거짓을 고할 수가 없었다. 과거에 형들은 요셉을 종으로 팔아 버리고 그의 채색옷을 찢어 새끼 염소 피를 묻힌 다음 아버지에게 보여 드렸다. 어느 누구도 아버지께 진실을 말하지 않았다.

그런데 아버지에게 "요셉이 살아 있습니다"라는 소식을 알리고, 이제 진실을 말해야 할 때가 되었다. 그들의 입을 통해 진실을 드러낼 때가 되었다. 이는 결코 쉬운 일이 아니었다. 아버지만이 아니라 처자식들 앞에서 이런 과거의 비밀을 말한다는 것은 결코 쉬운 일이 아니었다.

요셉은 앞으로 어떤 일이 일어나리라는 것을 짐작하고 있었다. 그래서 이것 때문에 서로 간에 갈등이 생겨 노중에서 다투지 말라고 부탁했던 것이다. 게다가 이들은 이복형제였다. 요셉은 배가 다르기 때문에 자기에게 형들이 더 심하게 대했다는 것을 알고 있었다. 그래서 모든 허물과 잘못을 용서한 자로서 "형님들, 다 지나간 일입니다. 더 이상 그것 가지고 분쟁하지 마십시오"라고 말하며 그들을 위로하고 격려했다. 이것이 진정한 승리자의 모습이다.

이제 회복되었다면 서로 사랑해야 한다. 사랑만 하면서 살기에도 인생은 짧다. 격려하고 사랑하는 말만 하기에도 시간은 부족하다.

"그들이 또 요셉이 자기들에게 부탁한 모든 말로 그에게 말하매 그들의 아버지 야곱은 요셉이 자기를 태우려고 보낸 수레를 보고서야 기운이 소생한지라 이스라엘이 이르되 족하도다 내 아들 요셉이 지금까지 살아 있으니 내가 죽기 전에 가서 그를 보리라."창 45:27-28

요셉은 아버지와의 만남을 준비하고 있었다. 온 가족과 만날 준비를 하고 있었다. 진정한 회복이 성취되려는 순간이었다. 애굽의 총리가 되어 혼자만 성공의 자리에 선 것이 아니라 온 가족을 살릴 수 있게 되었다.

진정한 회복의 역사가 요셉의 눈물과 그의 고난을 통해 성취되고 있었다. 진정한 자유는 과거로부터 회복될 때만 가능하다. 그 진정한 자유는 내 안에서 나타나야 한다. 그리고 우리 가정에서 나타나야 한다. 우리 이웃한테서 나타나야 한다. 우리를 통해 다른 사람들에게 이 풍성한 하나님의 역사가 선포되어야 한다.

하나님이 요셉에게 주신 위대한 꿈과 비전은 거의 실현되어 가고 있다. 과거에 당한 고통의 현장, 울부짖던 현장, 절규하던 현장에서는 상상도 할 수 없는 일이다. 그런데 이제 그 찬란한 회복의 역사가 눈앞에 나타나기 시작했다. 그의 눈물과 좌절과 고난이 이제 온 가족에게 회복의 은혜로, 형통의 은혜로 나타나기 시작했다.

우리가 당면한 현실은 끝이 아님을 기억해야 한다. 지금 고통을 겪고 때로는 절망과 좌절의 현장에서 이를 악물고 살지만 정말 중요한 것은 아직 완성되지 않았다는 사실이다. 우리는 절망과 좌절 가운데서도 그것을 바라볼 수 있어야 한다. 이렇게 회복하시는 하나님의 현장을 바라볼 수 있어야 한다. 이것이 우리의 소망이다.

우리는 우리 자신이 아니다. 우리의 오늘은 오늘만이 아니라 우리의 미래다. 우리는 우리 자신이 아니라 우리의 다음 세대다. 이것을 꼭 기억하라.

　우리는 이 비전을 품고 오늘을 살아가야 한다. 나 하나뿐이라면 포기할 수도 있고 절망할 수도 있다. 하지만 하나님은 우리 속에 하나님의 비밀을 감추어 놓고 계신다. 고통당하는 심정 속에 우리 가정을 담아 놓고 계신다. 우리의 다음 세대를 담아 놓고 계신다. 지금은 눈물 흘리고 절규하지만 하나님은 그 과정을 통해 꿈이 자라나고 열매 맺게 하신다. 그리고 그 열매를 다음 세대까지, 또 다음 세대까지 완성해 나가실 것이다.

　오늘 무엇을 보고 무엇을 향해 나아가는가? 곤고하고 힘든 여건 속에서도 하나님을 가슴에 품으라. 하나님의 안목으로 인생을 바라보라. 그리고 좀 더 멀리까지 하나님을 기대하라. 나를 통하여 이루실 하나님의 위대한 회복을 선언하라. 아직 끝난 것이 아니다. 지금의 고통이 끝이 없어 보일지라도 이 고통을 통해 하나님을 가슴에 품고 믿음의 눈으로 그분을 바라보는 한 언젠가는 반드시 회복된 영광의 현장 위에 설 것이다.

축복을 선언하라

변화보다 위대한 스승은 없다. 또 신앙적인 변화보다 더 위대한 축복은 없다.
다양한 인생의 문제 속에서 하나님은 우리에게 그런 위대한 변화의 가능성을 항상 나타내신다.

하나님의 사랑으로 야곱의 생애는 변화하기 시작했다. 이기적인 모습에서 하나님 중심의 신앙으로, 세상 중심의 신앙에서 하나님 없이는 안 된다는 고백을 갖는 위대한 믿음의 족장으로 자리매김하게 되었다. 이런 변화의 가치 때문에, 변화의 가능성 때문에 인간은 참 복된 존재다. 그래서 인간은 '희망'일 수 있는 것이다. 가능성이 많은 존재일 수 있는 것이다.

야곱은 파란만장한 과정을 통해 네 명의 아내로부터 열두 아들과 딸 하나를 얻었다. 그의 가정은 항상 갈등과 고통이 있었지만, 우리는 이 갈등과 고난조차도 '그를 그 되게 하는 과정'으로 선용됐다는 것을 너무 잘 알고 있다. 사랑하는 아들 요셉이 종으로 팔려가는 고통을 통해 그는 하나님을 더욱 의지하게 되고 하나님을 붙드는 믿음의 사람으로 우뚝 서게 되었다.

  이런 파란만장한 과정을 통해 그의 전 인격 속에 하나님이 누구이신가를 알아가는 거룩한 은혜가 나타나기 시작했다. 하나님을 경험하고, 그분의 은혜 가운데 견고히 무릎 꿇는 신앙의 결단과 모습이 드러나기 시작했다는 말이다.

선포하는 특권

  우리는 파란만장한 인생을 걸어온 야곱의 삶의 현장에서 오직 하나님만 신뢰하는 믿음의 사람으로, 또 하나님을 철저하게 의지하는 믿음의 족장으로 나아가는 모습을 발견하게 된다. 이것이 야곱의 아름다움이고 위대함이었다. 돈을 많이 벌어서도 자식을 많이 얻어서도 아니다. 하나님을 의지하고 그분을 신뢰하고 믿음으로 고백하고 선포하는 이런 모습 때문에 우리는 그를 위대한 믿음의 족장이라고 말한다. 변화보다 위대한 스승은 없다. 또 신앙적인 변화보다 더 위대한 축복은 없다. 다양한 인생의 문제 속에서 하나님은 우리에게 그런 위대한 변화의 가능성을 항상 나타내신다.

  주님을 믿기 전에 고통은 고통 그 자체이고, 절망은 절망 그 자체였다. 그런데 주님을 믿고 난 후부터 모든 고통이 새로운 의미로 다가오기 시작한다. 하나님을 향해 우리 삶의 방향을 돌이키게 하고, 하나님을 온전히 의지하게 하고, 하나님을 인생의 주로 고백하게 하는 놀라운 대반전은 그분을 믿는 우리의 삶 속에 나타나는 하나님의 놀라운 역사다.

오늘 우리는 삶을 통해 하나님을 선언하는 삶을 살아야 한다. 우리의 인생 광야에 임하신 하나님, 우리를 붙드시는 하나님의 사랑을 자신이 얼마나 경험하고 얼마나 고백하고 있는가를 점검하는 것이 우리의 가장 신앙적인 자세다.

야곱은 임종하기 전에 한 가지 중요한 일을 행했다. 사랑하는 아들들에게 축복기도를 해주었다. 그런데 자기의 아들들에 앞서 가장 사랑하는 요셉의 두 아들을 불러다가 그들에게 손을 얹고 축복기도를 해주었다. 므낫세와 에브라임에게 손을 얹고 그들에게 하나님의 복을 빌어 주었다. 진정 아름다운 복을 비는 내용은 자신의 삶으로 경험한 하나님을 그들에게 선언하는 것이다. "오직 하나님을 향한 신앙으로 살아가라. 그리고 하나님이 네 인생의 목적이시다"라고 자신의 그 파란만장한 인생을 통해 경험했던 하나님의 은혜와 사랑을 그들에게 그대로 선포하는 것만큼 위대한 축복의 현장은 없다. 야곱은 자신의 전 인격을 통해 사랑하는 손자들에게 축복을 빌어 주었다.

롤프 가복Rolf Garborg이 쓴 『하루에 한 번 자녀를 축복하라』에 보면 가정 안에서 자식들을 어떻게 축복할 것인가, 그 중요성에 대해 다양하게 이야기하고 있다.

우리는 하나님의 능력을 소유한 그분의 백성이다. 하나님께서 온 우주를 창조하실 때 그 창조의 능력이 그분의 말씀에 있었다. 그래서 하나님의 사람에게는 입술의 권세가 있다. 우리 하나님의 사람은 그의 사랑하는 자녀에게 매일 복을 빌어 줘야 한다. 존귀한 말로 주님의 이름으로 선하고 아름다운 복을 빌어 줘야 한다. 하나님의 무한한 가능성을 가슴에 담고 아이들에게 복을 빌어 줘야 한다.

자신이 부족하더라도 가슴에 염원을 담고 기도하는 것은 우리에게 주어진 특권이라고 생각한다. 우리는 선언해야 한다. 아이는 "나는 서울대 갈 거야!"라고 말하는데, 어머니가 "야, 꿈 깨라 꿈 깨! 그 실력 갖고 무슨 서울대를 가냐"라고 구박하면 안 된다. 이때는 오히려 선언하라. "그래! 하나님이 네게 복 주시기 원한다"라고 말해 주라. 이건 하나님이 우리에게 주신 특권이다.

우리는 입술로 죄를 범할 때가 참 많다. 아이들을 함부로 평가할 때가 참 많다. 아직 그 시간이 오지 않았으므로 지금 그 아이에게 축복을 해주어야 한다. 어떤 사람은 아이들을 데리고 와서 "목사님, 축복기도 좀 해주세요"라고 말한다. 참 아름다운 모습이다.

목사가 주님의 이름으로 축복하는 것은 하나님이 내게 주신 특권이다. 그러나 부모가 자녀들을 축복하는 것도 이에 못지않게 소중하다. 아이를 무릎에 앉혀 놓고 그 아이의 머리에 손을 얹고 축복기도를 해주라. 아침마다 저녁마다 "하나님, 이 아이에게 오늘도 복을 주시기를 원합니다! 정말 하나님을 경험하고, 하나님의 은혜 가운데 자라나도록 도와주십시오"라고 축복기도를 해주라.

감사와 감격의 마지막 예배

우리는 믿음으로 기도하고 선언해야만 한다. 아직 결과가 나타나지 않았기 때문이다. 현재 상황으로 모든 것을 결정할 필요는 없다. 드러난 것으로 모든 것을 결정하지 말라. 그 아이 속에 얼마나 위대한 하나님의 꿈이 담겨 있는지 아무도 예측할 수 없다. 우리 가슴에 하나님을 품고 그 아이들에게 "너는 하나님의 위대한 비전이 될 거야. 너는 하나님의 목적이 될 거야"라고 선언해야 한다.

야곱은 자기 손자들을 축복하고 자식들을 축복해 주었다. 그리고 "그들에게 명하여 이르되 내가 내 조상들에게로 돌아가리니 나를 헷 사람 에브론의 밭에 있는 굴에 우리 선조와 함께 장사하라"창 49:29는 유언을 남기고 세상을 떠났다. 애굽 땅이 얼마나 풍요로운가! 하지만 야곱은 풍요로운 애굽 땅에 묻히기를 원치 않았다. 척박하고 먼 가나안 땅, 그것도 막벨라 굴에 묻히기를 원했다. 바로 그곳이 하나님 나라의 모형이기 때문이다.

"이곳은 지나가는 곳에 불과하다. 아무리 애굽이 화려하고 아름다워도 이곳은 지나가는 과정에 불과하다. 나는 영원한 본향이 있다"라는 것을 자녀들에게 선언했다. 자신이 이렇게 영원한 본향을 향해 나아가는 것처럼 후손들도 언젠가는 이곳을 떠나야 한다는 것을 자녀들에게 자신의 삶을 통해 검증해 주었다.

아브라함이 그 막벨라 굴을 헷 사람한테서 샀다. 하나님은 아브라함에게 "아브라함아! 내가 너에게 복을 주마. 너는 복의 근원이 될 것이다. 너로 말미암아 천하 만민이 복을 얻게 될 것이다"라고 축복하시면서 그에게 또 다른 두 가지 약속을 본격적으로 하셨다. 그 중 하나는 "아브라함아, 동서남북을 바라보라! 이 땅을 다 너와 네 자손에게 줄 것이다"라고 말씀하셨다. 다른 하나는 "하늘의 별을 보라! 바닷가의 모래알을 보라! 네 자손이 이와 같이 편만해지게 될 것이다"라는 약속을 주셨다. 그런데 정작 아브라함 당대에는 이 약속이 성취되지 않았다.

동서남북, 그 넓은 땅 중 아브라함에게는 땅 한 평이 없어 자신의 아내를 묻을 막벨라 굴을 얻어야 했다. 그의 아들 이삭 때도 땅 한 평이 없어 고작 매장지만 얻었다. 그리고 야곱 때도 땅 한 평 없이 지금 남의 땅에 와서 우거하고 있는데, 고작 매장지가 있을 뿐이다. 이는 어떤 의미를 지니고 있는 걸까? 이 땅은 어차피 스쳐 지나가는 곳일 뿐 그에게는 하나님이 약속하신 영원한 나라가 있다. 야곱은 그리스도 예수를 통해 주시는 하나님의 영원한 나라, 그 나라를 소망했다.

자손에 대한 축복을 주셨만 아브라함은 독자 이삭만 얻었다. 이삭은 야곱과 에서를 얻고 야곱은 열두 아들을 얻었다. 그리고 야곱은 이제 70명의 자손을 이끌고 애굽으로 내려갔다. 몇 대에 걸쳐 고작 70명 정도밖에 되지 않았다. 그들이 그의 가족 전부였다. 그런데 그들은 하나님의 위대한 비전의 현장에 부름받았다. 하나님은 그들에게 "너희는 하나님의 구원의 계보를 통해서 전 세계를 하나님의 계보로 삼는 위대한 목적을 이룰 것이다"라는 꿈을 주셨다.

야곱은 이것을 바라본 것이다. 가나안 땅에 묻어 달라고 말한 것은 이 위대한 하나님의 비전을 자신이 여전히 소망한다는 뜻이다. 그리고 자신의 후손들에게 이 비전을 함께 소유할 것을 명령했다.

히브리서 11장 21절을 보면 독특한 말씀이 나온다. 야곱은 죽을 때 요셉의 각 아들에게 축복하고 그 지팡이 머리에 의지하여 '경배했다'라는 말이 나온다. 야곱은 마지막에 자식들을 다 불러 앉혀 놓고 그들에게 축복기도를 해주고 임종했다. 그런데 임종할 때 그는 자신의 꺼져 가는 기운을 지팡이에 의지한 채 무릎 꿇고 앉아 가나안 땅을 바라보며 하나님께 경배했다. 전 생애를 통해 자신을 붙잡아 주신 하나님, 자신을 인도하신 하나님, 자신을 사랑해 주신 그 하나님을 향해 자신의 전 인격으로 감사했다. 그리고 영원한 나라를 바라보았다. 그의 인생에서 최고의 예배를 드렸다. 우리는 평생 얼마나 많은 예배를 드릴까?

여기서 우리는 가장 위대한 예배를 준비해야 한다는 사실을 알 수 있다. 그것은 하나님께 부름받는 그 순간 어떻게 고백하고 어떻게 찬양할 것인가 하는 것이다. 지금부터 우리는 기도해야 한다. 연세 드신 분들은 '믿지 않는 자녀들을 불러놓고 어떻게 해야 하나님께 마지막 예배를 드릴 것인가? 내 기운이 지나고 내 숨이 끊어져 갈 때 어떻게 최후의 고백을 할 것인지'에 관해 지금부터 기도해야 한다. 자녀들을 불러놓고 "얘들아, 나는 영원한 하나님 나라에 들어간다. 너희도 예수님 잘 믿고 거기서 만나자. 나는 지금 참 기쁘구나"라고 말한 후 영원한 나라로 가겠는가, 아니면 "무서워"라고 외치며 두려움에 떨며 가겠는가?

야곱은 지팡이에 의지한 채 인생길 모든 여정에서 자신을 붙드신 하나님 앞에 "감사합니다! 감격합니다!"라고 감사 기도를 드렸다. 그리고 후손들에게 "이 땅이 영원한 나라가 아니다. 나는 영원한 저 본향으로 나아간다. 너희도 나를 따라올 것이다. 그 하나님을 너희 가슴에 품고 살아라!" 하고 말했다.

야곱은 자신의 전 생애를 놓고 자녀들에게 선포한 것이다.

우리는 하나님께서 자랑하실 만한 삶을 살아야 한다.

인생에는 나를 나 되게 하는 조연이 있다

상처나 고통을 준 사람들은 지금의 나를 나 되게 하기 위해 하나님이 세우신 조연이었고,
어떻게 보면 하나님이 나를 나 되게 하기 위해 사용하신 조교였다.

"요셉의 형제들이 그들의 아버지가 죽었음을 보고 말하되 요셉이 혹시 우리를 미워하여 우리가 그에게 행한 모든 악을 다 갚지나 아니할까 하고."^{창 50:15}

아버지가 돌아가시자 형들의 가슴속에 또다시 두려움이 몰려왔다. 과거의 상처가 되살아나기 시작했다.

그들은 야곱이 세상을 떠나자 '우리를 경멸하고 죽이고 싶었지만, 지금까지 요셉이 우리를 선대한 것은 효자이기 때문이었다. 아버지의 눈에 또다시 피눈물을 흘리게 해서는 안 된다는 생각에 우리에게 관용을 베푼 것이다. 그런데 이제 아버지가 돌아가셨으니 과거의 모든 원한을 갚을 것이다' 라고 생각한 것이다. 그들의 가슴속에 감춰뒀던 두려움과 고통이 지금 연기처럼 피어오르기 시작했다.

그동안 태연하게 웃으면서 살아왔지만 그들의 가슴속에는 '아버지가 돌아가시면 우리는 어떻게 될까? 우리 자식들은 어떻게 될까?'라는 두려움이 남아 있었다. 그래서 사는 게 사는 것이 아니었다. 죽음보다도 더한 고통을 매일 경험했다.

나를 나 되게 한 조교들

인도의 펀자브 주에 가면 지금까지 나쁜 구습이 전해지고 있다. 인도 정부에서 법으로 금했음에도 불구하고 이 지역 사람들은 자신들의 풍습일 뿐이라고 말한다. 그들은 남편이 세상을 떠나면 그의 아내를 시신과 함께 묶어 화장한다. 살아 있는 사람을 화장하는 것이다. 그 아내는 남편이 세상을 떠났다는 슬픔에 눈물을 흘리는 것이 아니라 자신의 운명 때문에 운다. 얼마나 처참한 일인가! 남편이 임종이 가까워 숨이 가빠질 때 그 아내의 마음속에는 '이제 나도 죽었구나' 라는 생각이 가득하다.

요셉의 형제들이 그러지 않았을까 싶다. 아버지의 임종을 눈앞에 두고 정작 슬펐던 이유는 '아버님이 떠나면 우리는 어떻게 될 것인가? 우리는 이제 끝났구나' 라는 절망감 때문이었다. 그들은 요셉에게 거짓말을 했다.

"요셉에게 말을 전하여 이르되 당신의 아버지가 돌아가시기 전에 명령하여 이르시기를 너희는 이같이 요셉에게 이르라 네 형들이 네게 악을 행하였을지라도 이제 바라건대 그들의 허물과 죄를 용서하라 하셨나니 당신 아버지의 하나님의 종들인 우리 죄를 이제 용서하소서 하매 요셉이 그들이 그에게 하는 말을 들을 때에 울었더라."^창 50:16-17

이것은 요셉을 해하려는 거짓말이 아니라 자신들이 살기 위한 거짓말이었다. 자신들이 살아남기 위해, 자기 후손들을 살리기 위해 돌아가신 아버지의 이름으로 요셉에게 거짓말을 했다. 그들의 마음속에는 돌아가신 아버지의 이름을 거론해서라도 어떻게든 용서받고 싶은, 과거로부터 자유롭고 싶은 열망이 있었다.

그 말을 들은 요셉은 울었다. 그런데 그가 운 진짜 이유는 무엇일까? 꿈을 가진 하나님의 사람으로서 인생의 모든 과정을 통해 하나님의 영광을 경험한 믿음의 사람으로서 그들의 깊은 상처를 느낀 것이리라.

진정한 비전의 사람은 자신에게 상처를 안겨 준 사람들의 잘못을 가슴속에 담아놓고 그것을 나열하지 않는다. 정말 성공한 사람은 "당신은 나에게 이런 악을 행했지만 나는 이렇게 승리했다오!"라고 고백하지 않는다는 말이다.

한 사람의 성공을 위해 얼마나 많은 악한 조연들이 선용되는가?

성경은 그 악한 환경 때문에 오늘의 우리가 되었다는 것을 이해하고, 그 악한 과정 속에서 자신에게 상처를 준 그 사람들을 포용해야 한다고 말씀하고 있다. 이미 다 잊어버린 과거의 일로 형들은 지금까지 가슴 아파하고 있었다. 요셉은 그들을 용서하고 모든 일을 덮어 버렸다. 그런데 형들은 30년 전에 요셉을 팔아먹고 그렇게 절규하고 그렇게 울부짖던 그 현장에 여전히 발목이 묶여 있었다. 눈을 감을 때마다 그 현장이 눈앞에 어른거렸다. 우리는 이처럼 가해자인 그들에게도 죽음 이상의 고통이 있다는 것을 기억해야 한다.

요셉에겐 지나간 과거이지만, 형들에게는 여전히 존재하는 아픔이자 문제였다. 인생을 살면서 우리는 여러 가지 고통으로 상처를 받는다. 돌이켜보면 피눈물을 흘리게 한 사람도 있고 서러움을 안겨 준 사람도 있다. 하지만 그런 파란만장한 과정을 통해 지금의 우리가 완성된 것이다.

상처나 고통을 준 사람들은 지금의 나를 나 되게 하기 위해 하나님이 세우신 조연이었고, 어떻게 보면 하나님이 나를 나 되게 하기 위해 사용하신 조교였다. 만약 그 고통이 없었다면 지금의 우리는 사람도 아닐 것이다. 지금 주님을 믿는 신앙으로, 하나님을 가슴에 품은 사람으로 서 있다는 것은 그 과정이 선용되었기 때문이다. 그런데 우리는 지금의 우리가 그냥 된 것처럼 착각하며 상처 준 사람에게 원망과 분노를 퍼부을 때가 있다. 싫든 좋든 간에 고통이 우리를 지금의 우리로 만들었다는 사실을 인정해야 한다.

회복과 어루만짐이 있는 고백

우리 교회에 고통당하는 몇몇 사람이 있다. 그중 새벽마다 교회에 나와 항상 기도하는 자매님의 남편이 췌장암인데, 참 많은 고통을 겪고 있다. 두 번의 수술을 받았는데도 좋아질 기미가 보이지 않았다. 새벽마다 와서 기도하는 그 아내의 눈물 때문에 보는 사람의 가슴이 뜨거워질 정도다. 지난번 그 남편분을 찾아뵙고 복음을 전했다. 예수님께서 그를 위해 죽으셨다는 말씀을 전하고 주님을 믿도록 요청했다. 병문안을 와 주었기 때문인지 예의상 고맙다고 빙긋 웃기는 했지만 믿겠다는 고백은 안 하셨다. 그리고 헤어졌는데 지난번 갑자기 발병하고 열이 많이 나서 이른 새벽 병원으로 찾아가 기도를 해드렸다.

우리 인간에는 더 이상 다른 방법이 없었다. 주님이 그분을 어루만지셔야 했다. 그래서 기도해 드리고 주님이 도우시기를 구했다. 기도가 다 끝났는데 아주 작게 "아멘"이라는 소리가 들렸다. 그리고 조금 나아지면 교회에 나오겠다는 약속도 받았다.

퇴원하는 날 교회에 들르셔서 기도를 받고 가셨는데, 그날 처음 교회에 나오신 것이었다. 그리고 주일날 교회에 나오겠다고 했는데 갑자기 또 열이 나서 응급실로 실려 가셨다. 그 후 상황이 점점 나빠져 병원으로 가서 다시 그분을 만났다. 그리고 그분을 위해 기도했다. 병실에 가면 설교를 하지 않는데, 기도를 통해 그분에게 전하고 싶은 모든 내용을 쏟아 놓기 때문이다. 그러고 나서 그분에게 "형제님, 주님은 능력을 갖고 계십니다. 절대 포기하지 마십시오. 하지만 한 가지는 기억하십시오. 우리는 어쨌든 모두 죽지만, 당신은 구원받아야만 합니다. 예수님께서 당신을 위해 죽으셨다는 걸 믿으셔야 됩니다. 그분이 당신의 모든 죄를 청산한 걸 믿으셔야 합니다. 우리에게 영생이 있기 때문입니다. 그 주님을 믿으십시오"라고 말씀을 전했다. 그랬더니 그분이 "아멘"이라고 하셨다.

처음 그분을 만날 때는 "아멘"이라고 안 하셨지만 고통이 점점 심해지면서 "아멘"이라고 대답하셨다. 그리고 "목사님, 수요일에 병원 안에 있는 교회에 갔었습니다"라고 말했다. 나는 마지막으로 진심을 다해 "형제님이 주님을 믿도록 주님이 당신에게 고통을 허용하셨는지도 몰라요. 주님 앞에 선언하십시오. 이젠 주님을 믿게 되었으니 자신을 붙들어 달라고 말입니다"라고 말했다.

우리는 고통 없이 주님을 믿는가? 살아 계신 하나님을 경험하는가? 불가능하다. 우리 자신이 너무 잘났기 때문이다. 고통이 없으면 자신이 너무 잘났다는 생각에 하나님을 거부하고 산다. 그러나 우리는 고통을 통해 하나님 앞에 무릎을 꿇고 상처를 통해 무릎을 꿇는다. "나는 아무것도 아닙니다"라는 고백에 회복이 있고 어루만짐이 있다.

마음속으로 상처를 곱씹지 말라. 어떤 사람이 세상을 떠나면서 "나에게 정말 가슴 아픈 일이 두 가지가 있습니다. 하나는 내가 정말 옳은 일을 했을 때 아무도 기억해 주지 않았다는 것이고, 또 다른 하나는 내가 옳지 못한 짓을 했을 때 사람들이 그것을 잊어 주지 않았다는 것입니다"라고 고백했다.

우리가 옳은 일을 했을 때, 칭찬받을 일을 했을 때 누가 기억해 주는가? 대부분의 사람들은 기억하지 않고 잊어버린다. 그런데 우리가 가끔 옳지 못한 일을 했을 때, 잘못을 범했을 때 사람들은 그것을 절대 잊지 않는다. 집요하게 기억한다. 이것이 우리의 모순이다. 우리는 잊어야만 한다. 옳지 못한 것은 잊어버리고 옳은 것은 오랫동안 기억해야 한다. 그래야 하나님의 사람이다.

지금까지 걸어온 인생 여정을 한 번 점검해 보라. 무엇이 가장 기억에 남는가? 좋은 일을 해준 사람이 기억에 남는다면 복된 사람이다. 반면에 안 좋은 기억만 떠오른다면 불행한 사람이다.

남자를 가리켜 자카르^{zakar}라고 부르는데, 이는 '기억하는 자'라는 뜻이다. 하나님의 은혜를 기억하는 삶은 천국을 이미 소유한 하나님의 사람임에 틀림없다.

하나님의 계보가 준비된다

우리의 믿음과 기도와 눈물과 희생을 통해 우리의 다음 세대가 준비된다면 얼마나 큰 감격인가! 이것은 참 큰 복이다.

"요셉이 그들에게 이르되 두려워 마소서 내가 하나님을 대신하리이까 당신들은 나를 해하려 하였으나 하나님은 그것을 선으로 바꾸사 오늘과 같이 많은 백성의 생명을 구원하게 하시려 하셨나니 당신들은 두려워하지 마소서 내가 당신들과 당신들의 자녀를 기르리이다 하고 그들을 간곡한 말로 위로하였더라." 창 50:19-21

요셉이 울자 형들은 가까이 와서 무릎을 꿇으며 "우리는 당신의 종입니다"라고 말했다. 그때 요셉은 형들을 위로하며 "형님들, 두려워하지 마십시오"라고 선언했다. 그들에게 지금 필요한 것은 바로 선언이었다. 사죄의 선언이었다.

〈가을 동화〉라는 드라마가 인기를 끌면서 "너의 죄를 사하노라"라는 말이 유행했다. 우리도 두려워하지 말고 이렇게 선언해야 한다.

오늘을 사는 사람

이사야 44장에 보면 "너희는 내 백성을 위로하라"고 말씀하신다. 우는 사람, 절망적인 사람, 잘못을 깨닫는 사람에게는 위로가 필요하다. 그 상처를 건드릴 필요가 없다. 이것은 요셉의 아량에서 비롯된 것이 아니요 그가 넓은 가슴을 가졌기 때문도 아니다. 하나님을 품고 그분을 경험한 사람이기에 가능했던 것이다.

우리는 하나님을 품고 그분을 경험했는가? 그렇다면 "하나님을 품은 가슴은 옹졸한 가슴이 아니다. 유치한 가슴이 아니다"라고 선언할 수 있어야 한다.

요셉의 고백은 실로 겸손했다. 그는 인생을 바로 알고 하나님의 거룩하신 섭리를 알고 있었다. 뿐만 아니라 "형님들, 두려워하지 마십시오. 내가 당신들을 보호하겠습니다. 당신들의 자녀들인 내 조카들을 내가 보호하겠습니다"라고 보장했다. 정상에 서서 수많은 사람을 향해 호령하는 것이 복이 아니다. 인생 광야 속에서 하나님을 풍성히 경험하는 것이야말로 위대한 복이다.

다른 사람이 봤을 때 "저 사람만큼 하나님을 경험한 사람이 있을까"라는 생각이 들면 그는 하나님을 가슴에 품은 사람이요, 위대한 복을 받은 사람이다. 고난을 통과할 때마다 하나님을 더 많이 경험하고 그분을 더 많이 확증한다면 얼마나 놀라운 복인가! 요셉에게 있어 참혹한 고난과 배신의 쓰라린 현장은 더 이상 고난과 배신의 현장이 아니었다. 그것은 하나님이 자신을 꿈의 현장으로 비전의 현장으로 이끌어 가시는 거룩한 과정이었다. 그래서 그는 고통당할 때도 하나님의 꿈을 여전히 가슴에 담아두었다.

오늘을 살면 그것은 미래가 된다. 그러나 많은 사람이 오늘을 거부한 채 너무 힘들어 미래만 꿈꾼다. 오늘을 거부하고 미래만 꿈꾼다면 그 사람의 미래는 존재하지 않는다. 오늘을 가슴에 담아야 한다. 힘들고 고통스럽고 어려운 환경이지만 현실을 가슴에 담고 주님이 우리를 만들어 가시는 과정임을 인정할 때 미래를 소유할 수 있다.

우리의 오늘은 미래다. 우리의 미래는 그저 오는 것이 아니다. 우리의 다음 세대도 그저 오는 것이 아니다. 인생의 고난과 역경 속에서도 하나님께 무릎 꿇고 그분을 가슴에 품고 그분을 바라보는 사람에게 미래가 있고 다음 세대가 있다. 우리는 지금 미래를 살고 있으며 미래를 포용하고 있다. 또한 지금 다음 세대까지 우리의 삶 속에 채우고 있다. 그렇다면 지금 어떤 고백을 하겠는가?

오늘은 오늘만이 아니라 우리의 미래다. 지금 말로 다 할 수 없는 고통을 겪고 상처를 입고 절망 속에 갇혀 있다. 우리는 가정, 사람과의 관계, 물질 문제, 사업, 직장, 자녀 문제, 부모 문제 등 다양한 상처를 안고 있다. 그러나 그 상처는 우리를 정말 우리 되게 하시는 하나님의 섭리다. 괴롭고 동의하고 싶지 않겠지만 우리는 이를 인정해야만 한다. 이런 과정이 없다면 우리는 지금 사람도 아닐 것이다. 그냥 성공했다면 우리는 사람도 아닐 것이다. 정말 성공한 사람은 고통을 품은 사람이다. 고통을 통해 다른 사람을 이해하고, 그들을 포용할 줄 아는 사람이다.

우리를 고통스럽게 했던 사람을 사랑할 것을 선언하라. '사랑할 거야'라고 마음먹지 말고 선언을 하라. 우리 죄를 주님이 용서하신 것처럼 그들을 용서하겠다고 선언하라. 화해를 선언하고 상처를 치유 받았음을 선언하라.

하나님의 꿈을 가슴에 품은 사람

누구나 "아! 정말 아름답다"라는 느낌을 받은 적이 있을 것이다. 오늘 무엇을 보았을 때, 무엇을 느꼈을 때 아름답다고 생각했는가? 나는 아이들의 함박웃음과 맑고 투명한 눈동자를 볼 때 '참 예쁘다'라고 느낀다. 어느 때는 아름다운 자연 속에서 신록을 느낄 때 아름답다고 생각한다.

'사람이 참 아름답구나'라는 생각이 들 때가 많다. 이 말이 언뜻 와 닿지 않는 사람이 있을지도 모르겠다. 그리고 다른 사람의 모습에 대해 별로 아름답다거나 좋다는 느낌을 갖지 못할 수도 있다. 아름답기보다는 오히려 추하거나 왜곡된 모습을 많이 보기 때문이다. 그런데 말씀을 배우는 현장에서 사람들의 얼굴을 볼 때마다 '정말 사람이 아름답구나'라고 고백하게 된다. 그 느낌 하나하나가 가슴에 와 닿는다.

사람이 아름다울 수밖에 없는 것은 그 인생 속에 숨겨진 변화의 가능성 때문이다. 사람이 변화할 때마다 그 아름다움은 훨씬 더 커진다. 한때 목회를 하면서 '아! 사람만큼 징그러운 게 없다'라는 생각이 든 때도 있었다. 그런데 지금 생각해 보면 그때 참으로 미숙했다. 물론 갈등도 있고 어려움도 있겠지만, 성령의 임재 안에서 시간을 길게 갖고 인생을 보면 사람만큼 아름다운 게 없다는 사실을 깨닫게 된다. 우리 안에 그런 하나님의 놀라운 은혜가 회복되기를 바란다.

무엇이 진정한 복이라고 생각하는가? 물론 돈을 많이 벌거나 성공해서 남들보다 높은 지위에 올라간 것도 복일 수는 있다. 그렇다면 참된 복, 성경적인 복은 무엇일까? 성경은 크게 두 가지로 말씀하고 있는데, 하나는 인생 광야를 걸어가는 동안 그 쓰라린 고통에서 경험하는 하나님의 은혜와 사랑이 참된 복이다. 광야를 걷는 것이 너무 힘들고 척박하지만, 그 광야 길을 통해 경험하는 하나님의 은혜와 사랑이야말로 우리를 살맛나게 해준다.

또 다른 하나는 우리의 인생을 통해 하나님의 거룩한 미래가 준비된다는 것이다. 우리의 오늘을 통해 하나님의 위대한 계보가 하나하나 준비된다고 생각해 보라. 얼마나 큰 복인가! 우리의 믿음과 기도와 눈물과 희생을 통해 우리의 다음 세대가 준비된다면 얼마나 큰 감격인가! 때로는 부담스럽다는 생각이 들기도 하지만, 이것은 참 큰 복이다. 우리로 인해 다음 세대가 준비된다고 생각하는가? 이런 의미에서 볼 때 요셉은 참 복된 사람이다. 항상 가슴에 하나님을, 하나님의 비전을, 하나님의 꿈을 가슴에 품고 살았기 때문이다.

하나님의 비전과 꿈을 가슴에 품었기 때문에 그의 인생은 파란만장할 수밖에 없었다. 인생의 곤고함 속에서 하나님을 가슴에 품고 "주님 없이는 나는 못 삽니다"라는 고백을 갖는 그 순간이 그의 인생에서 가장 큰 복의 현장임을 느낄 때, 이것이야말로 놀라운 축복이 아니겠는가! 그가 가진 꿈과 비전이 워낙 크기 때문에 옆에 있던 형들도 그 꿈의 가치를 인정해 주지 않았다. 오히려 배척하고 경멸했다.

"요셉은 무성한 가지 곧 샘 곁의 무성한 가지라 그 가지가 담을 넘었도다." 창 49:22

가나안 땅은 척박한 곳이다. 그런데 샘 곁에 나무가 심어져 있다는 것은 큰 복을 뜻한다. 그 나뭇가지가 번성해 담을 넘는다니, 얼마나 풍요로운 광경인가!

요셉의 가슴에는 하나님이 심어 준 꿈이 있었다. 열일곱 살에 하나님의 꿈을 가슴속에 담았다. 그러나 꿈이 큰 만큼 가로막는 장애물도 컸다. 그의 비전이 큰 만큼 그의 인생 광야에 위기도 많았다. 산이 높을수록 골짜기가 깊은 법이다. 우리는 멀리서 산을 바라보며 "야! 그 산 참 높다"라고 말하지만, 그 산에 가까이 다가가면 깊은 골짜기가 있다. 꿈이 큰 만큼 그 이면에는 큰 난관과 어려움이 따른다.

성경은 요셉의 꿈과 비전이 큰 만큼 하나님께서 그의 인생 광야 속에 많은 골짜기를 숨겨 놓았다는 것을 분명하게 말씀하고 있다.

하나님의 형통은 확장된다

구원은 우리에게 국한된 것이 아니다. 우리를 통해 가족과 다음 세대와 민족과 열방 속에 나타나야 한다. 이는 우리가 구원받은 하나님의 놀라우신 은총의 목적이다.

"활쏘는 자가 그를 학대하며 적개심을 가지고 그를 쏘았으나 요셉의 활이 도리어 굳세며 그의 팔은 힘이 있으니 이는 야곱의 전능자 이스라엘의 반석인 목자의 손을 힘입음이라." 창 49:23-24

활 쏘는 자가 그를 학대하며 적개심을 갖고 그를 향해 활을 쏜다. 이처럼 꿈이 크고 비전이 크기 때문에 요셉은 형들로부터 공박당했다. 무성하게 담 너머로 넘겨진 그 풍성한 가지를 지나가는 사람이 쓸데없이 타깃 삼아 활을 당긴 것이다. 꿈이 커서 공격도 많이 받고 고난도 많이 당했다. 하나님이 쓰실 만한 사람이기 때문에 그를 통해 뭔가 다음 세대의 위대한 비전을 일궈 가기 위해 많은 고난을 허용하신 것이다.

만약 꿈도 모르고 비전도 잘 모르는데 고난과 역경이 많다면 자신에게 하나님이 일구실 위대한 비전이 있는 것으로 생각해도 틀리지 않다. 나는 인생 광야를 지나오면서 어릴 때부터 많은 고통을 겪었다고 생각한 적이 있다. 어느 때는 집안도 친척도 다 싫었다. 그런데 지금은 하나님이 높게 올라가도록 골짜기를 깊게 파 주신 것에 대해 감사한다.

끊임없이 갈망하는 삶

요셉의 꿈이 큰 만큼 형들과 주변 사람들이 그를 구박하고 비난했다. 앞에서 꿈의 크기는 우리가 품은 하나님의 크기와 정비례한다고 말했다. 우리 믿음의 크기도 그렇다. 요셉은 하나님의 비전과 그분의 미래를 가슴에 품었다. 그런 만큼 그에게 많은 고난이 따라다녔다.

하나님의 비전은 생명력이 있다. 하지만 그 생명력이 꽃을 피우고 열매를 맺기까지는 썩음이라는 과정을 반드시 통과해야 한다. 요셉이 하나님의 비전과 약속을 가슴에 담을수록 그의 인생에는 썩음의 과정이 필요했다. 음침한 썩음을 통해서만 꽃을 피우고 열매를 맺을 수 있다.

하나님은 우리에게 그분의 비전과 약속을 주셨다. 그 비전과 약속은 반드시 썩어지는 과정을 통해서만 이루어진다. 때로는 눈물의 골짜기, 절망의 골짜기를 통과해 그 꽃이 피고 열매가 나타난다. 썩음이 없다면 현실 그대로일 뿐이다. 썩어야만 열매를 많이 맺는다. 이런 면에서 인생을 살아갈 때 우리에게 다가오는 위기와 고통은 기회가 된다.

고난은 때때로 변장된 축복이 되어 우리를 찾아온다. 고난의 현장은 너무 힘들고 고통스러워 보이지만 이를 통해 하나님을 더 바라보는 사람에게는 놀라운 반전의 기회가 된다. 모든 사람에게 위기와 기회가 있는데, 이는 함께 공존한다. 그런데 문제는 우리가 당하는 문제와 고통에 대해 어떻게 반응하는가 하는 것이 위기와 기회를 나누는 시금석이 된다.

누구나 위기와 문제가 있다. 어떤 사람은 그 위기와 문제 때문에 깨어지기도 하고 무너지기도 한다. 그러나 어떤 사람은 그 위기와 문제를 통해 더 성장한다. 하나님께 더 무릎 꿇고 기도하기 때문이다. 모든 교회가 크고 작은 문제를 안고 있다. 어떤 교회는 그 문제와 위기 때문에 깨어지고 상하지만, 어떤 교회는 그 문제와 위기를 통해 더 성장하고 하나님께 더 무릎 꿇기도 한다.

우리 안에는 기회도 있고 위기도 있다. 중요한 것은 우리가 현재 처한 상황에 어떻게 반응하는가에 따라 결과가 완전히 달라진다는 사실이다. 예수님의 은혜 가운데 문제에 반응하면 이는 축복의 기회가 되지만, 이를 거부하고 원망하면 기회를 놓치게 된다. 우리는 중요한 모든 문제와 위기를 인생의 중요한 반전으로, 기회로 삼아야 한다.

오늘 우리에게 성령이 그런 강력한 도전을 주시길 바란다. 문제에 대해 어떻게 반응할 것인가, 어떤 신앙적 반응을 보일 것인가, 어떤 믿음의 반응을 가질 것인가에 따라 결과는 전혀 다른 양상을 띤다.

요셉은 하나님의 비전을 가슴에 품음으로써 고통을 당했다. 하지만 그는 문제와 절망 속에서 하나님을 바라보고 의지했다. 그의 가슴속에는 하나님의 위대한 비전이 불길처럼 타오르고 있었다. 환경과 조건이 그를 짓누르고 있었지만 그의 가슴속에 타오르는 비전의 꿈을 짓밟지 못했다. 꺼뜨릴 수가 없었다.

드디어 때가 되어 하나님의 위대한 반전의 역사가 시작된다. 어느 날 갑자기 그는 애굽의 총리가 되었다. 이런 위대한 반전 드라마가 우리 가운데도 반드시 존재한다고 믿어야 한다. 이게 하나님의 약속이다.

그런데 진정한 비전은 자기 한 사람을 위한 것으로 국한되지 않는다. 요셉이 총리가 된 것으로 모든 꿈이 성취된 것은 아니다. 그는 자만하지 않고 하나님께 더 무릎 꿇고 그분만 바라보았다. 정말 위대한 하나님의 형통하심과 위대한 하나님의 성공은 우리가 끊임없이 그분을 추구하고 준비된 삶을 살아가는 가운데 나타난다.

총리가 되고 난 후에도 그는 자신의 이기심을 충족시키거나 복수를 하지 않았다. 가족을 만나러 가려고 날뛰지도 않았다. 그는 자신에게 주어진 사명에 따라 민족을 살리기 위해 준비했다. 자신의 사명을 위해 최선을 다했다.

형들이 찾아와서 만나게 되고 그들과의 관계가 회복되었다. 드디어 아버지와의 관계도 회복되고 만남의 축복을 누리게 되었다. 지금까지의 모든 한과 상처가 치유받게 되었다. 총리의 삶 그 자체가 중요한 게 아니라 그를 통해 이루실 하나님의 거룩한 계획이 있었다는 사실이 중요한 것이다. 자기만 부요하게 되는 것이 아니라 가족과 민족과 열방을 부요하게 하고, 무엇보다도 자기의 다음 세대를 부요하게 하시려는 하나님의 위대한 계획이 그를 통해 선언되었다.

계승되는 하나님의 꿈

아버지 야곱이 세상을 떠나고 요셉이 세상을 떠난 다음에도 그의 후손은 풍요를 누렸다. 애굽 총리의 가족이라는 든든한 후광을 업고 그들은 고센 땅에서 그야말로 편안한 삶을 누렸다. 모든 고난이 사라지고 그들의 인생은 편안해 보였다. 과거의 지긋지긋한 상처가 다 치유받은 상황이었다. 과거의 모든 억압으로부터 자유한 상황이었다. 이제 모든 것이 잘 되어가는 것처럼 보였다. 요셉은 임종을 앞두고 위대한 꿈의 유언을 그들에게 하고 있다.

"요셉이 그의 형제에게 이르되 나는 죽을 것이나 하나님이 당신들을 돌보시고 당신들을 이 땅에서 인도하여 내사 아브라함과 이삭과 야곱에게 맹세하신 땅에 이르게 하시리라 하고 요셉이 또 이스라엘 자손에게 맹세시켜 이르기를 하나님이 반드시 당신들을 돌보시리니 당신들은 여기서 내 해골을 메고 올라가겠다 하라 하였더라." 창 50:24-25

요셉의 최후이자 꿈의 최후였다. 그러나 하나님의 비전은 남아 있다. "하나님이 당신들을 돌보시고" "하나님이 반드시 당신들을 돌보시리니"라는 말이 나오는데, 이 말씀은 우리 성경 낱말로는 언뜻 이해가 잘 안 되지만 히브리 원문을 보면 좀 더 쉽게 그 의미를 알 수 있다. 히브리어로 '파카드'라고 설명되는데, 이는 '항상 하나님이 함께하신다'라는 뜻이다. '나는 죽으나 하나님은 항상 너희와 함께 하시리니'라는 뜻이다. 자신은 최후를 맞이하지만 하나님 앞에 그들의 미래를 위탁하고 있다.

또 꿈이 자기한테서 끝나지 않고 하나님의 꿈이 계승되고, 그 비전이 여전히 선포될 수 있다는 것을 이야기하고 있다. 지금까지는 요셉 혼자만의 꿈이었지만 하나님께서 이제 자기를 통해 자신의 후대 사람들, 자신의 계보뿐 아니라 전 열방까지 하나님의 이 비전 안에서 그 무한한 생명을 누리도록 할 것이라는 위대한 축복을 고백하고 있다. 그리고 때가 되면 너희를 가나안 땅으로 인도하실 것이라고 말했다.

지금 그들은 고센 땅에서 풍요롭고 편안한 생활을 누리고 있지만, 요셉은 더 큰 것을 바라보았다. 이 땅은 영원히 거할 땅이 아니라 떠나야 한다고 말했다. 이 땅에서 성공을 거두고 부유한 삶을 살지만, 이것은 후손들이 끝까지 쥐고 누릴 것이 아니라는 것이다. 그들이 소유한 물질도, 세상적인 성공도, 세상의 타이틀도 다 두고 떠나야 한다고 말했다.

그의 포부 속에는 미래 지향적인 하나님의 위대한 역사가 드러나 있다. "하나님이 너희를 이곳에서 인도해서 가나안 땅으로 가게 할 것이다. 그리고 너희를 통해 하나님의 위대한 나라를 건설할 것이다"라고 하면서 그들이 앞으로 소유할 가나안 땅도 전부가 아니라고 했다. 이는 하나의 그림자에 불과했다. "너희를 통해 이루실 하나님의 위대한 구원의 나라, 너희를 통해 열방은 구원을 얻게 될 것이다"라고 말했다. 요셉은 이 비밀을 자신의 다음 세대에게 유언으로 남겼다.

그리고 그들에게 애굽을 떠나는 그날, 자신의 유골을 가지고 가 달라고 부탁했다. 그의 아버지 야곱은 가나안 땅에 있는 막벨라 굴에 묻혔지만 요셉은 애굽에 묻히게 된다. 그가 원하면 막벨라 굴에 묻힐 수 있었지만, 그때가 이를 때까지 유보시켰다.

요셉은 애굽을 떠날 때 자신의 유골을 함께 가져가라고 말했다. 이

곳 애굽에서 영광을 얻었지만 이게 전부가 아니라고 고백했다. 성경은 이스라엘 백성들에게 "믿음으로 요셉은 임종 시에 이스라엘 자손들이 떠날 것을 말하고 또 자기 뼈를 위하여 명하였으며"히 11:22라고 하며 믿음으로 떠나가라고 말씀한다.

우리가 이 땅에서 많은 축복을 누리고 많은 승리의 삶을 산다고 하더라도 언젠가는 다 버리고 떠나야 한다. 이 땅의 것들은 선용할 것이지 완전히 소유할 것이 아니다. 그것은 앞으로 이루어질 하나님 나라와 우리의 다음 세대를 위해 사용할 것이다. 우리가 장악하고 우리의 것이라고 말할 수 있는 것은 아무것도 없다. 우리의 손에서 백 년 가는 게 있는가? 무엇이 백 년을 넘길 수 있는가? 명예인가, 돈인가, 좋은 집인가?

요셉은 자신의 부귀영화나 성공을 보지 않았다. 다만 하나님이 자기를 통해 이루실 위대한 미래의 비전을 잊지 않고, 자신의 계보를 통해 이루실 하나님의 구원의 역사를 보았다. 그는 끝까지 일관되게 하나님을 바라보는 삶, 하나님을 신뢰하는 삶을 살았다. 우리는 이런 면에서 요셉을 "예수 그리스도의 예표"라고 말한다. 그는 예수 그리스도의 예표, 즉 그림자였다. 어찌 보면 그의 인생 자체가 위대한 예수님의 예표였다.

구원을 계승하는 기도

요셉은 아버지로부터 많은 사랑을 받았다. 예수님도 성부 하나님의 독생자였다. 요셉은 하나님의 위대한 비전 때문에 형들에게 시기를 받고 은 20개에 노예로 팔렸다. 예수님도 그 위대한 비전 때문에 제자들에게 버림당해 은 30개에 팔렸다. 요셉은 그 꿈과 비전 때문에 노예 생활을 하고 감옥에도 들어갔다. 예수님도 그 위대한 비전과 꿈 때문에 십자가의 고난과 멸시와 천대와 수욕을 당하고 결국 죽으셨다. 하나님의 때가 되었을 때 요셉은 위대한 역사의 무대에 세워져 애굽의 총리가 되었다. 예수 그리스도께서도 부활의 영광으로 우뚝 서셨다.

그러나 이것이 끝은 아니다. 요셉은 그의 마지막 순간에 "너희는 이 땅을 떠나라! 나는 죽지만 하나님은 너희를 권고하실 것이다. 나는 죽으나 하나님은 너희와 영원히 함께하실 것이다"라고 말했다. 예수님은 승천하시면서 "하늘과 땅의 모든 권세를 내게 주셨으니 그러므로 너희는 가서 모든 민족을 제자로 삼아 아버지와 아들과 성령의 이름으로 세례를 베풀고 내가 너희에게 분부한 모든 것을 가르쳐 지키게 하라 볼지어다 내가 세상 끝날까지 너희와 항상 함께 있으리라"마 28:18-20고 말씀하셨는데, 이 부분에서 요셉은 철저한 예수 그리스도의 모형이었다.

예수님이 우리에게 주신 소망이 무엇인가? 그의 이름으로 말미암아 구원받는 것뿐 아니라 앞으로 우리가 성취할 하나님 나라에 대한 비전을 주셨다. 구원은 우리에게 국한된 것이 아니다. 우리를 통해 가족과 다음 세대와 민족과 열방 속에 나타나야 한다. 이는 우리가 구원받은 하나님의 놀라우신 은총의 목적이다.

"주 예수를 믿으라 그리하면 너와 네 집이 구원을 받는다"라는 말씀은 어쩌면 우리에게 주신 하나님의 비전이고 사명이다. 우리 공동체 안에도 그런 사람이 많다. 아내가 남편의 핍박에도 불구하고 끊임없이 하나님을 향해 기도한다. 얼마나 눈물겨운 현장인 줄 모른다. 하나님은 그 눈물을 통해 가정을 구원하신다.

어느 주일 예배가 끝난 후 성도들에게 인사하고 있는데, 한 형제분이 나가시면서 "은혜 받았습니다"라고 말했다. 순간 참 머쓱해졌다. 왜냐하면 원래 그런 말을 하던 분이 아니었기 때문이다. 한때 부인이 그분을 위해 열심히 기도했다. 그분은 아내를 끔찍하게 사랑했는데, 아내가 어디만 가면 좌불안석이었다. 그리고 교회에 나가는 것조차 시기하며 예수님을 못 믿게 했다.

이런 이유로 부인은 남편을 위해 많은 기도를 했다. 때로는 결단도 하고 싸움도 하면서 주님을 위해 기도했는데, 드디어 말도 못할 우여곡절을 통해 그분이 교회에 나오기 시작했다. 그러나 오로지 가정의 평화를 위해 교회에 나오신 것이었다. 아내를 사랑하는 마음에서 말이다.

그런데 설교 도중 주님에 대해 증거하면 앞쪽에서 "거짓말"이라는 소리가 들렸다. "여러분, 주님이 살아나셨습니다!"라고 하면 어김없이 "거짓말"이라는 소리가 들렸다. 그렇다고 오지 말라고 말할 수도 없고, 나중에는 억장이 무너져 동역자들한테 "제발 저쪽 구석에 앉게 하라"고 말했을 정도였다. 그렇게 피가 마르는 몇 달이 흘러갔다. 몇 달이 지나자 이제 입술은 동하지 않고 눈으로만 노려보았다. 그렇게 몇 년이 흘렀다.

새벽마다 그 부인은 남편을 위해 기도했다. 그 마음이 얼마나 답답했을까? 그래도 그런 남편이지만 함께 나와 예배 드리는 심정이 오죽했겠는가? 그 심정을 아는 까닭에 아무 소리도 못 하고 그냥 참을 수밖에 없었다.

그런데 성도들과 인사를 나누다가 "은혜받았습니다"라고 해서 보니 그분이 변해도 한참 변해 있었다. 그날 그분이 어찌나 예쁜지 남자 성도가 예뻐 보이기는 처음이었다. 그래서 사람이 아름다운 것이다. 한 여인의 눈물을 통해 남편이 구원받은 것 아닌가! 남편이 하나님의 비전을 가슴에 품은 것 아닌가!

우리 안에 이런 비전이 있다. 구원은 우리 한 사람에게 국한되는 것이 아니라 우리 가정 속에, 우리 다음 세대에도 나타난다. 이것이 요셉이 바라본 비전이다. 그가 애굽의 총리가 된 것이 성공이 아니었다. 이 영광을 누린 것이 성공이 아니었다. 그가 성공한 것은 이 위대한 하나님의 비전을 다음 세대에 계승시켜 준 것이었다.

자식 앞에 초라하게 느껴질 때가 있다. 아버지로서 자식들에게 지식으로 뛰어나지 못해, 학벌이 뛰어나지 못해 초라하게 느껴질 때가 있다. 재산을 많이 물려줬다고 해도 그 자식에게 "나는 내 일 다했다!"라고 말할 수는 없다. 한마디로 기죽어 사는 부모가 많다.

그러나 이 한 가지는 기억하라. 지금 믿음으로 기도하고, 그들의 가슴속에 피 묻은 그리스도의 복음만 계승할 수 있다면 모든 것을 자식들에게 준 것이다. 인생의 마지막 순간에 "난 아무것도 가진 것이 없다. 그래서 네게 물려줄 것이 아무것도 없다. 잘난 것도 없다. 너한테 자랑스러운 아버지가 되어 주지 못해 미안하구나. 하지만 한 가지는 자신 있게 말할 수 있다. 나는 너를 위해 네 다음 세대를 위해 눈물로 기도했단다"라고 말할 수 있으면 그것으로 족하다. 모든 것을 다 주어도 이 믿음 하나 고백하고 계승하지 못한다면 세상적으로 성공한 것 같지만 사실은 실패한 사람이다.

하나님 나라를 향한 거룩한 열망

요셉은 자신의 전 생애를 통해 그 위대한 비전을 가슴에 품고 그것을 이루기 위해 모든 고난과 역경을 통해 아낌없는 헌신과 희생의 삶을 감당했다. 자기의 성공만을 바라봤다면 세상과 타협했을지도 모른다. 한순간의 쾌락만을 탐닉했다면 세상과 타협하고 무릎 꿇을 수도 있었다. 하지만 그의 꿈은 애굽의 총리가 아니었다. 그는 대를 이어 이루어 나갈 하나님의 위대한 후사, 하나님 상속자의 비전을 가슴에 담고 있었다.

우리 안에 그 꿈이 심어지고, 우리 안에 그 꿈이 자라고 있다는 사실을 믿는가? 우리는 이것을 믿어야 한다. 우리 안에 다음 세대에 대한 비전이 자그마한 씨앗으로 심어지고 우리의 눈물과 희생을 통해 자라나고 반드시 열매 맺게 될 것이라는 확신을 갖고 있는가? 이에 대한 확신이 있다면 우리는 오늘을 선용할 필요가 있다. 오늘 하나님 앞에 바로 설 필요가 있다.

〈쉰들러 리스트〉에서 주인공 쉰들러는 자신의 전 재산을 털어서 1,100명의 유대인을 구했다. 수용소 소장에게 돈을 주고 그 사람들을 구해 와서 직공으로 썼다. 덕분에 그들은 가스실로 끌려가지 않고 자유를 얻었다. 드디어 자유를 얻게 되는 날, 죽음을 면한 유태인들이 그에게 반지를 선물한다. '한 사람의 생명을 구하는 자, 온 천하를 구하는 자'라는 문구를 새긴 반지였다. 그 반지를 받은 쉰들러는 "이 반지 하나면, 양복 하나면, 내가 타던 이 자동차 하나면 더 많은 사람을 구해 낼 수 있었을 텐데"라고 절규했다. 그렇게 하지 못한 것에 대한 회한의 말이었다.

천국에 갔을 때 뭐라고 고백하겠는가? "주님! 다음 세대를 위해 못한 것이 너무 많습니다. 최선을 다하지 못했습니다"라고 고백하면 주님은 "아니다! 넌 이미 다 했다!"라고 하실지도 모르겠다. 우리는 마음속으로 '언제나 나는 최선을 다하고 싶다' 라는 거룩한 갈망을 가져야 한다.

우리의 오늘은 우리의 미래다. 우리가 살아가는 오늘은 우리의 미래이자 다음 세대를 결정짓게 된다. 로마의 시인이었던 호라티우스는 "오직 이런 자만이 행복하리라. 오늘만이 자신의 날이라고 말할 수 있는 사람만이 행복하리라"라고 말했다. 오늘, 우리의 날이다. 어떻게 살겠는가?

매일 이렇게 하루하루를 살다 보면 언젠가는 이 땅에서의 종말을 맞게 된다. 그때 요셉은 "나는 죽으나 하나님은 너희와 함께하신다. 너희는 이 땅이 전부가 아닌 것을 알고 살아라. 영원한 나라가 있다. 내가 그 영원한 미래를 위해 준비하는 삶을 산 것처럼 너희도 그 영원한 미래를 위해 준비하는 삶을 살아라. 내가 나에게 성공을 국한시키는 삶을 살지 않고, 우리 가족과 이웃과 민족과 열방을 위해 살았던 것만큼 너희도 그런 삶을 살아라"고 고백했다.

우리는 가슴을 관통한 비전, 그 비전을 성취하기 위해 때로 버림받는 고통과 죽음의 위협 등 기나긴 절망의 현장을 걸어왔다. 우리는 그 끝없는 절망의 동굴 속으로 들어가는 것이 아니라 찬란한 영광의 빛이 비치는 터널을 지나가는 것임을 알아야 한다. 지금 절망의 동굴 속으로 들어가고 있지 않은지 살펴보라. 우리가 걸어가는 오늘은 단지 잠깐 어두운 터널이라는 사실을 기억하라.

    요셉은 그들 안에 그 비전이 있다는 것을 선포했다.

    우리도 요셉처럼 그런 비전이 날마다 세워지고 확장되기를 간절히 기도하며 오늘을 살자.